ゲルハルト=リッター

# リッター

・人と思想

西村　貞二　著

126

CenturyBooks　清水書院

# まえがき――リッターとわたくし

ゲルハルト＝リッターがフリートリヒ＝マイネッケとともに戦後の西ドイツ歴史学界を代表する巨匠とは、うすうす知っていた。しかしドイツ近代史を専攻しないため、著書をひもとくに至らなかった。たまたま『権力国家とユートピア――マキアヴェリとモア以来の権力のデモニーをめぐる論争』（一九四〇）がでると、むさぼるように読んだ。リッター史学との初対面だったが、のちに個人的な接触をもとうとは、当時、夢想だにしなかった。

それから一〇年をへた一九五二年に、同書の邦訳をくわだて、許可をもとめた。リッターは出版元に交渉のうえ、無償で翻訳をゆるし、『権力のデモニー――近代の政治思考における権力問題の歴史および本質に関する考察』と改題した新版を送ってくださった。拙訳（『権力思想史』一九五三、みすず書房）の贈呈に礼状がとどいたきり、音信はとだえて七、八年が経過した。音信はとだえたものの、わたくしは折にふれてリッターについて論説や紹介文を書いた。じっさい、戦後の活躍には目をみはるものがあった。こうしたいきさつで、一九六二年にドイツ留学がきまったとき、フライブルクに行って、じきじき教えを乞おうとおもったのは、自然のなりゆきだった。その年の夏か

東京におけるリッター夫妻　1964年，著者撮影

らわたくしは、リッターのミリタリズム論二篇と、小冊子ながらリッター史学の精髄をしめす『科学的歴史』の訳出にとりかかった。秋からはリッターとの交渉がひんぱんとなる。客員教授としての大学側の受けいれはもとより、当座の宿舎まで配慮してくださった。こうしてわたくしがフライブルクの土をふんだのは、一九六三年三月下旬のことで、シュヴァルツヴァルトの山山はまだ白皚皚《がいがい》だった。春とはいえ、スイス国境に近く、凛冽《りんれつ》の寒気をおぼえる。リッターが生涯の大半をすごした地で邂逅《かいこう》することになったのだから、正直いって天にものぼる心地がした。

　はじめて会った夜のことが三〇年後の今もなお鮮明におもい浮かぶ。到着早早に正式の招待をうけた。小人数のパーティーだった。渡独直前に刊行した『ドイツのミリタリズム』（一九六三、未来社）をおわたしすると、リッターは一同にわたくしを紹介した。それから著名な中世史家ヘルマン＝オーバン教授が最近のアフリカ旅行を披露した。飲むほどに会は盛りあがった。わたくしは度胆をぬかれて当夜はひきさがるほかなかった。四月六日は七五歳の誕生日に当たり、とりあえずお祝い状を送った。数日後手紙が来、「二人だけで《ウンターーフィアーーアウゲン》」話したいとある。リッターの住居は都心からやや離れた閑静なモーツァルト街四八番地にある。三階建ての家屋の一階をしめる。天井までギッシリ書物で埋まった書斎に通され、つたないドイツ語に冷や汗をかきながら対談した。日本の気候風土からはじまり、政治、天皇制、大学生、さては物価まで話題は多岐にわたった。来春東京でひらかれる国際歴史学会委員会（リッターはその副委員長）に夫人同伴で出席すると語り、はじめての日本訪問を楽しみにされた。一九五六年に退職していたリッターから指導をうけるとすれば、ご自宅でしかない。『ドイツ問題――過去・現在のドイツの国家思想』（一九六二）をテキストにして質疑することを願いで、承諾をえた。平均すれば月に一回おたずねしたことになろうか。一代の碩学《せきがく》からじかに教えをうけるとは、わたくしはなんと果報者だろう。質疑応答やふだん着のリッターを語ることは私事になるから省く。強い印象をうけた二、三の事柄をしるすにとどめよう。

サロンの壁に肖像画がかかっていた。現在のリッターはやや肥満体だが、肖像画では痩せた、見るからに精悍《せいかん》な風貌である。門下のハシンガー教授は、往年のリッターはきびしく、同僚や学生は腫れものにさわるような思いだった。今はすっかり好好爺になった、と述懐した。きびしさは几帳面に通じる。あるとき、わたくしは訪問日の曜日をまちがえた。すると、「当日は日曜日でなくて土曜日です。四時にお出でください」と折り返しての返事である。些末事をもおろそかにしない性格の一端があらわされていないだろうか。このようなきびしさと几帳面が学問においてもっとも発揮されたことは、いうまでもない。著書の博引旁証《はくいんぼうしょう》で一目瞭然だ。かといって、やさしさと思いやりがないわけではない。わたくしの孤独をなぐさめるためだろう。「一度シュヴァルツヴァルトをドライブしませんか。帰途にはティティ湖畔の山荘に立ちよりましょう」といった親切な手紙をくださる。オーストリア旅行の手筈をすっかりきめていたため、せっかくのご好意を無にしなければならなかったけれど。

お別れに参上したときなど、夫人ともども手をとり合って名残りを惜しみ、日本における再会を約された。ついでにゲルトルート夫人についても一言しておかねばならない。学会などでは介添役として大切な役目をはたされる。わたくしとリッターとの対話が曲がりなりにも通じたのは、英語、フランス語にも堪能な夫人が助け舟をだしてくださったからだ。リッターは反ヒトラー抵抗運動に連座し、ゲシュタポに逮捕されて一九四四年の冬にベルリン強制収容所にいれられた。ある日、わたくしはおそるおそる収容所の様子をおたずねした。一瞬、リッターは沈うつな表情を浮かべ、傍らの夫人に目をやって、ただ一言、「妻には苦労をかけた」といわれた。第二次世界大戦では愛息ベルトルトを失い、リッター一家の犠牲は小さくなかった。異邦人にそんな悲痛な思いがのべられるものではない。わたくしは心ない質問を恥じた。政治運動といえば、わたくしの脳裡から消えない出来事がある。

一九五三年六月一七日に、東ベルリンその他のソ連地区で反ソ暴動がおこり、流血の惨事が生じた。それから一〇年たったので、各地で「ドイツ統一の日」の記念行事が行われた。フライブルクにおいても、教授と学生が一団となり、手に手にたいまつをかざしてミュンスター（大聖堂）広場まで行進した。集まったところで市長と学長が演説した。わたくしも野次馬根性で見物していた。ふとみると、教授団のなかにリッターの姿がある。もう一時間以上も立ちつくしているのである。散会したとき、近づいて声をかけた。リッターはその場で現代史のツマルツリーク助教授にわたくしを紹介し、翌日の昼食によばれることになった。昼食会でリッター夫妻とツマルツリークが口角泡をとばして議論するのを半分も解しえなかったけれど、東西ドイツの統一が論議されていることはわかった。歴史家が時代体験の深所から歴史を叙述することを、この時ほど痛感したことはない。ある日の訪問のとき、リッターは執筆中で、うずたかい原稿をみせてくださった。紙片いっぱいに手書きし、夫人が片っぱしからタイプに打つ。そのおり拝見した草稿が一九六四年末に上梓された『国政術と戦争技術』第三巻）。なんと七〇〇ページの大著ではないか。孜孜《しし》と執筆された在りし日の姿が彷彿《ほうふつ》とする。ところで、ナチスにたいする教会闘争はよく知られている。リッターは宗教改革史研究においても耆宿《きしゅく》であり、告白教会の長老としてドイツ教会闘争と緊密なつながりをもった。わたくしがリッターの『宗教改革の世界的影響』（一九五九）の抜粋《ばっすい》訳をルター宗教改革四五

○年目に出した（一九六九、新教出版社）のは、リッターのもうひとつの面を知ってもらいたかったからだ。
わたくしは一九六四年一月末にフライブルクを引きはらい、イタリアとギリシアをへて三月末に帰国した。そして一日千秋の思いでリッター夫妻の来日を待った。国際歴史学会議委員会は四月二〇日にひらかれ、東京大学で公開講演を行う予定である。ところが、待てど暮らせど到着の通知がない。日本側委員の高橋幸八郎さんからの電話で、来日の途次、香港で心臓を病み入院中と知り愕《がく》然《ぜん》とした。好事魔多しとはこのことであろうか。けっきょく東京におけるスケジュールはすべてご破算になった。四月二二日夜、わたくしは夫妻に三カ月ぶりでお会いした。さほど憔悴《しょうすい》の面持でなく、安堵の胸をなでおろした。京都の大会には出席とのことだったから、大会終了後の箱根、伊豆の旅を打ち合わせてわたくしは一と足さきに京都へむかった。が、大事をとってか、ついに見えなかった。とんぼ帰りで帰京したわたくしは、二六日夕刻にもう一度お会いした。東大研究室の諸君と夕食をともにしてから、見送りを断わった夫妻は、ドイツ大使館さしむけの車で羽田にむかわれた。遠ざかりゆくテールランプをみつめつつ、無念の涙がこぼれた。待ちこがれた日本訪問がこのような結末をつげようとは！　リッターの心中は察するに余りがある。日本の歴史家と公衆にたいして見解をのべることができなかったばかりか、春爛漫の日本の風光をめでる機を逸したのだから。

その後、リッターから何度か手紙をいただいた。そのひとつに「大著の第四巻に着手しているが、よる年波で以前よりも労苦が多く、ゆっくりすすめるしかない」と書かれていた。夫人からリッター逝去の報がとどいたのは、一九六七年九月である。「短い重い病いののち、ゲルハルト＝リッターは、一九六七年七月一日午後に永眠しました。われわれはかれの充実した生涯、業績、愛に感謝します」。さらに五年後、ゲルトルート夫人が一九七二年一一月二五日に亡くなられた通知をうけとった。

一九八三年七月末、わたくしはオーストリア・ドイツのツァーに加わった。朝にインスブルックをバスで発ったが、途中、バイエルン観光の目玉となっている、狂王ルートヴィヒ二世のノイシュヴァンシュタイン城に寄った。観光シーズンとあって押すな押すなの盛況だ。そのため宿泊予定地フライブルクにつくのが大幅におくれ、夜一一時過ぎにやっと部屋に落ちついた。翌朝、薄明のうちにホテルを出、急ぎ足で二〇分、かつてわたくしが寄宿した家がある。当時の家人はみな他界して訪れるすべもない。しかしたたずまいは昔と少しも変わらない。過ぎし歳月をかえりみ、しばし呆然としていた。気をとり直し、そこからほど遠からぬモーツァルト街のリッターの旧居をたずねる。家屋は旧態依然である。ベルを押すと自動ドアがあき、リッターがあらわれ、わたくしをかかえるようにして客間か書斎へつれてゆく。あのときの光景がよみがえり、万感胸にせまった。

だが、こうした個人的追想よりもずっと重要なことがある。リッターは一九六四年すなわち第一次世界大戦勃発五〇年にさいし、『第一次大戦』という小冊子をあらわし、こうしめくくった。「一九一四―一八年の世界戦争は、現代の全体戦争の最初の歴史的な例である。そこでは民族のあらゆる物質的・経済的・精神的な力が投入され、非戦闘員といえども仮借されなかった。戦いがいっさいの生活をとらえることが激しければ激しいほど、いわゆる世論の熱情にたいし、また戦争技術の要求をもつ軍人にたいして、政治的理性の自主独立をつらぬくことがますますむずかしくなる。現代の兵器技術や大量絶滅手段や経済戦争の必要の途方もない増大は、国家理性を主張することが将来の戦争においては比べものにならないくらい、困難となることを予見させる。こうして国政術と戦争技術との正しい関係という問題は、いよいよ切実となった」。こう警告した三年後にリッターは長逝した。

周知のとおり、西ドイツ人が悲願とした東西ドイツの統一は成った(一九九〇年一〇月)とはいえ、今後の状勢は予断をゆるさない。さいきん外電がつたえるところでは、ドイツ統一後に難問が続出し、ことに極右勢力が暴走して外国人排斥の挙に出、さながら一九三〇年代に帰った趣きがあり、ヒトラーの亡霊が不気味に徘徊しているという。しかしながら他方で、「冷たい戦争」の終熄にともなって米・ソ(ロ)両国は核兵器の廃絶に一歩をふみ出した。軍縮はいまや世界の趨勢となりつつある。この事実が、リッターがいう「国政術と戦争技術との正しい関係」に思いをいたした証左といえなくもなかろう。たしかに、リッターは一九世紀ドイツ政治史学の最後の歴史家である。

古いタイプの歴史家であることは、みとめないわけにゆかない。だが、かれが提起した問題はけっして陳腐となっていない。それどころか、その解決が世紀の課題となっているのである。

これまでわたくしは訳書三冊のほかに長短二〇篇のリッター論あるいは紹介文を書いた。それらを推敲して研究書をあらわすのが本来のすじであろう。しかし老齢のわたくしにはもはやその気力がない。せめても一般読者むきのこの小伝をもって、ささやかなリクィエムとしたい。ブルクハルトのひそみにならっていえば、歴史学は一部専門歴史学者のためにのみあるのではなくて、一般読者のためにもあるのだからである。

一九九三年八月

西村貞二

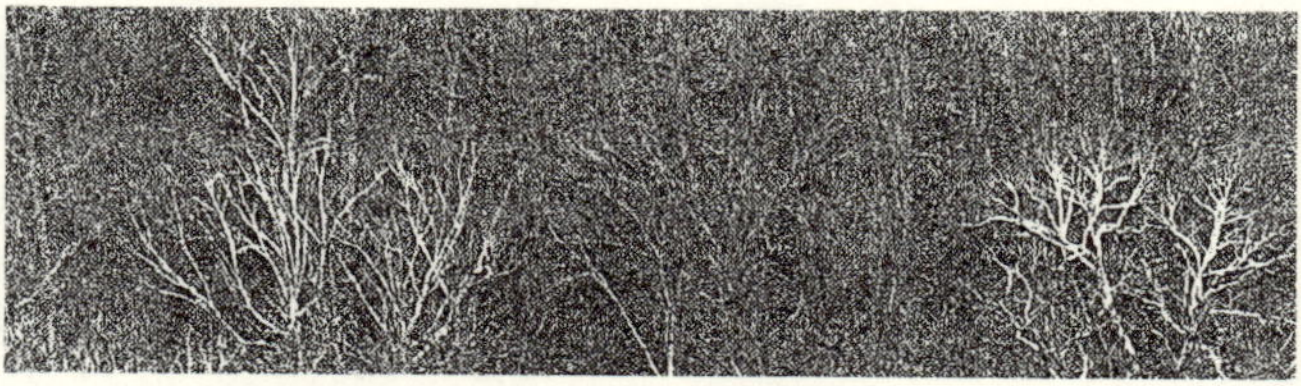

# 目次

北　海
デンマーク
バルト海
オランダ
ベルギー
ハンブルク
ブレーメン
ドイツ
ケーニヒスベルク
ポツダム
ベルリン
ゲッティンゲン
マグデブルク
ポーランド
ボン
マールブルク
ライプチヒ
シュレジエン
ヴァイマール
イエナ
フランクフルト
ハイデルベルク
プラハ
ロートリンゲン
ニュルンベルク
チェコスロヴァキア
アウシュヴィッツ
バイエルン
エルザス
フライブルク
ミュンヘン
ヴィーン
スイス
インスブルック
フランス
ジュネーヴ
オーストリア
ハンガリー
イタリア
ヴェネツィア
------ は第一次大戦前
—・—・— は第一次大戦後
の国境線

# I　生涯と業績

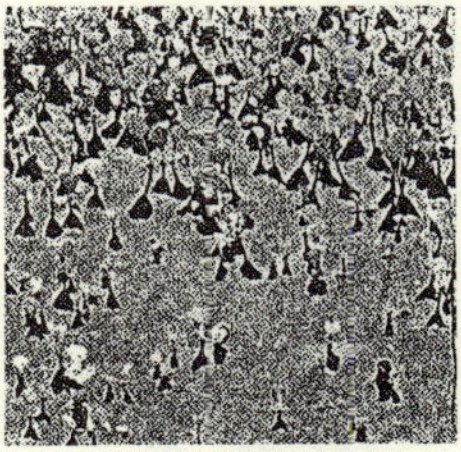

# 四生の経験

## 四つの時代

「試に見よ、方今我国の洋学者流、其前半は悉《ことごと》く皆漢書生ならざるはなし、悉皆神仏者ならざるはなし。封建の士族に非ざれば、封建の民なり。恰《あたか》も一身にして二生を経るが如く一人にして両身あるが如し。二生相比し両身相較し、其前生前身に得たるものを以て之を今生今身に得たる西洋の文明に照らして、其形影の互に反射するを見ば果して何の観を為す可きや。其議論必ず確実ならざるを得ざるなり」。福沢諭吉（一八三五～一九〇一）の『文明論之概略』の緒言中のことばで、「一身にして二生を経る」という句は、人生の激変を形容するばあいにしばしば引かれる。幕末・維新の政治変革と、これに随伴した泰西の異質文明との遭遇が背景になっている。諭吉は明治の啓蒙家とか新知識の輸入者とか評されるけれども、浅薄な見解だ。「一身にして二生を経る」希有の経験をし、他方、異質文明との遭遇によって生じたあらゆる種類の混乱をだれよりも早く洞察した、独創的な思想家だった。

リッターの略伝をしるすに当たって諭吉を引用したことに、読者は戸惑うであろう。諭吉とリッターとは縁もゆかりもない。ただ、書き出しに好都合なので借りたまでだ。諭吉が指摘した第二点はいま問わぬとして、第一点、すなわち政治変革は、スケールのちがいはあれ、両人に共通する。リッターの生涯と業績は政治変革と密接に関連している。それを諭吉の口吻をまねて「四生の経験」といおう。四生とは、㈠ドイツ第二帝国の宰相ビスマルクの時代（一八七一～九〇）、㈡ヴァイマール共和政の時代（一九一九～三三）、㈢ヒトラーの時代（一九三三～四五）、㈣ドイツ連邦共和国の首相アデナウアーの時代（一九四九～六三）をさす。これら四つの時代がドイツ史において連続するか断絶するかは、ひとによって意見を異にするだろう。が、少なくとも政治変革であることは衆目の一致するところであろう。しかもこの変革は、ドイツの政治状勢のみならず、ヨーロッパの政治状勢とからみ合っている。リッターはビスマルク時代の末期に生を享け、政治史家として発足し、ヴァイマール時代に学界に地歩をきずいた。ヒトラー時代にはナチス（国家社会主義ドイツ労働者党）にたいする抵抗運動に加担し、生死のちまたをさまよったこともある。アデナウアーの時代には西ドイツ史学界において押しも押されもしない指導者となった。そしてアデナウアー時代の終焉四年後に七九年の生涯をとじた。いってみれば、リッターは「一身にして四生を経」たのである。

数ある現代ドイツの歴史家のなかで、リッターほど四生の経験から学び、批判的に対決した歴史家はいない。このことを知るためには、ざっとリッターの生涯をかえりみる要がある。

## とぼしい伝記資料

フリートリヒ＝マイネッケ（一八六二〜一九五四）にはかなりくわしい『自伝』があるのに、リッターにはない。ハイデルベルクの科学アカデミー会員就任演説「自伝的スケッチ」（一九四七）は五ページたらずで、自伝の名に値しない。晩年に書いた「科学的歴史の今昔——考察と思い出」（ヒストーリッシェ＝ツァイトシュリフト、HZと略す。ドイツ最古の歴史学専門誌。一九六八）も、思い出の部分は少なく、大部分が批判的考察である。なぜ、自伝を書かなかったのか、ご本人にきいてみないとわからないが、第三者からみて著作が自伝、いや自伝以上に多くを語っているようにおもわれる。

また、追悼文をふくめてマイネッケ論はたくさん出ているのに、リッター論はきわめて少ない。弟子のツマルツリークの『生ける過去——リッターの評価』（HZ、一九六七）とアンドレアス＝ドルパーレンの『リッター』（ヴェーラー編『ドイツの歴史家』第一巻所収、一九七一）ぐらいだ。近年、『リッター書簡集』の編集者で門弟のクラウス＝シュヴァーベが一七〇ページの『リッター——業績と人格』をしるし、やっと本格的な評伝があらわれた。拙稿も伝記部分に関してシュヴァーベに負うところが多い。どうしてリッター論が少ないのか。いくつかの理由があげられる。第一に、リッターの評価を行うのに時機尚早である。没後三〇年も経っていないのである。第二に、マイネッケ史学が政治史から思想史まで範囲が広いのに、リッターは政治史学が本流であって、やや狭い感じがする。社会史とか構造史がもてはやされる現今のドイツ史学界では、なおさら古臭く見える。

第三に、微妙な事柄だが、人柄のちがいだ。ヒューズは「マイネッケは若くしてすでに知的均衡、すなわち歴史におけるニュアンスと両義性〔あいまいさ〕に対するすぐれた感覚を身につけており、それはかれの歴史の主要著作に晴朗さと広い文化的視野を与えることになる。マイネッケは、トレルチやヴェーバーのように論争的ではなかった。かれは物分かりがよく、協調的であった。偉大な調停家であり綜合家であった」（『意識と社会』生松敬三・荒川幾男訳、みすず書房）。これに反してリッターは、老いてもなお裂帛《れっぱく》の気魄《きはく》にみちた論客だった。むろん、人格的欠陥というべき筋合いではない。げんにツマルツリークも、「勇気ある品性、客や友人のあいだでしめした社交的快活、プロテスタントの伝統にふさわしい遊びとまじめとの分離、仕事と義務との結合、審美的でなく活動的な気象、いかに暗澹《あんたん》とした局面においてもつねに未来を意欲する〈それでもなお〉をもって反応したルター派的な運命への反抗」と師を評している。ただ、論争家はとかく敵をつくりやすい。そうはいわないまでも、敬して遠ざけられる。ハシンガー教授はわたくしに「リッターはフライブルクの法王でしたよ」とそっと耳うちしたことがある。

**オンケンの影響**　ゲルハルト＝リッター（Gerhard Ritter）は、北ヘッセンのヴェラのバートゾーデンにルター派牧師の家にうまれた（一八八八年四月六日）。祖先は中世後期までさかのぼり、官吏、教師、法律家、牧師がでた。プロテスタント牧師ゴットフリート＝リッターとシャロッテとのあいだにうまれた六人の子の第二子である。ギューター スローのギムナジウムで厳格なキリスト教的教育をうけた。ドイツ文学に親しみ、音楽を愛好した。ミュンヘン、ライプチヒ、ベルリン、さいごにハイデルベルク大学においてドイツ語学、歴史学、国家学を修めた。一九〇八年以来のハイデルベルク大学時代には、とりわけヘルマン＝オンケン（一八六九～一九四五）に指導され、将来の針路をさだめるうえでほとんど決定的な影響をうけた。オンケンは近世史家、『ラッサール伝』の著者として名声を博し、政治上では国民自由主義を支持した。一九一一年にリッターは、「一八六六年の危機におけるプロイセン保守派」というテーマで学位を取得した。内容をひろげて処女作『プロイセン保守派と一八五八―一八七六年のビスマルクのドイツ政策』（Die preußische Konservativen und Bismarcks deutsche Politik 1858-1876. 1913.）をあらわす。「自伝的スケッチ」で回顧していう。「ある一面性をもってビスマルクの時代の国民的・政治的諸問題に主要関心をむけるのが、当時の歴史学の状況であった。前代の幻想的に批判されたイデオロギーに反して健全な〈現実政治〉かつ権力政治の偉大な教師としてのビスマルク、ヨーロッパの力の勝負の大《たい》家《か》としてのビスマルク。それが歴史家世代のすべての歴史的・政治的考慮の出発点で、私もそれから学んだ。彼らはビスマルクの〈現実政治〉のマキアヴェリズム的特徴を明らかにしようとした。私もそうした時代の感化をこうむった」。オンケンの助手をつとめるあいだにリッターは急速に歴史的・政治的思想世界へみちびかれた。「一九〇七年にマイネッケの『世界市民主義と国民国家』

が出、私に多大の感銘をあたえはしたけれど、私の研究方向を決定しなかった」。ところでリッターは、他方でプロテスタント牧師の子として宗教改革にも関心をもった。オンケンはこれを察知して、『プロイセン年鑑』に論説をよせる機会をリッターにあたえた。かれの宗教改革史研究の端緒となったものだ。

一九一四年にマグデブルクの実科高等学校において教鞭をとることになったが、二、三か月後に第一次世界大戦が勃発した。一九一五年春に歩兵隊に入隊する。一一月まで東部戦線、のちにはフランス戦線に出動し、ソンム戦（一九一六年六～一一月）にも加わる。しかし三度負傷し、戦地勤務に堪えられないとされ、後方勤務につく。するうち、第一次大戦は終結する。「自伝的スケッチ」にしるす。「ロシアにいるとき、ハイデルベルクーアカデミーから問い合わせの電報がとどいた。平和締結後に数巻のハイデルベルク大学史を書く用意があるかどうか、というのだ。私は今でもその瞬間をはっきりとおぼえている。ちょうど、上等兵および歩兵指揮官として、長い飢餓状態の数週間後に、行進中につかまえた黒豚を戦友と山わけするところだった。そんなさいに電報で決心をつけげることは出来ない相談だった。長いこと躊躇したあとで決心がついたが、これ

ハイデルベルクの遠望

には私を推薦した師ヘルマン＝オンケンの説得があずかって力があった。一九一九年二月末に私は教職から放免され、ハイデルベルクにおいて大学史の予備研究をはじめた。以来、私はアカデミーやハイデルベルクと故郷のように結ばれている。そこで私は妻をめとった」。バーデンの高級官吏の娘ゲルトルート＝ライヒァルト（Gertrud Reichardt 一八九五～一九七二）とのあいだに三人の子がうまれる。

**ハンブルクからフライブルクへ**　一九二一年にリッターはハイデルベルク大学史の予備研究によって教授資格をえ、同年から二四年まで大学私講師となる。予備研究というのは、『後期スコラ学研究』（Studien zur Spätscholastik. 1. Marsilius von Ingehn und die okkamistische Schule.）のことで、従来ほとんど研究されていなかった。第一巻は一九二一年に出たけれど、他の仕事に忙殺されて続巻はなかなかあらわれない。かんじんの『ハイデルベルク大学史』があらわれるのは十数年後である。

一九二四年にマックス＝レンツ（一八五〇～一九三二）の後任としてハンブルク大学教授に招かれ、翌一九二五年秋にフェリックス＝ラッハファール（一八六七～一九二五）の死去にともない後任としてフライブルクの大学へ移る（三七歳）。フライブルクはリッターの終焉の地、フライブルク大学は学問・教授生活の大半をすごしたところだ。ドイツの大学教授は、わたり鳥みたいに大学

フライブルクの市街

を転転とする例がめずらしくない。リッターはむしろ例外的だった。したがってフライブルク市について、ひとこと述べておく。

フライブルクは一一二〇年にコンラート＝ツェーリンゲン公によって建設され、一二一八年まで公家《こうけ》の支配をうけた。一二一八年から一三六八年まではウラッハ伯の支配に移った。中世ゴシックの傑作である大聖堂の建設は一二五〇年ごろにはじまった。その後、一三六八年から一八〇五年まではオーストリアのハプスブルク家の所領となり、フライブルク大学はアルプレヒト四世によって創設された（一四五七）。一七一三年には一時的にフランス軍に占領されたことがある。また、フランス革命の女主人公マリー＝アントワネットが滞在したこともある。一八〇六年から一九四五年まで、オーストリア大公国領、ついでバーデン自由国家となった。一九四四年の空襲で旧市街の七〇パーセントを破壊された。ヒトラー帝国の崩壊後、一九四五年から五二年まではフランスの占領下におかれたが、一九五二年以来はバーデン‐ヴュルテンベルク州に属することになった。「シュヴァルツヴァルトの首都」と称されるように、シュヴァルツヴァルトの入り口を扼《やく》し風光明媚だ。大聖堂をはじめ歴史的旧蹟に富むから、年中観光客がたえない。フライブルクにドイツ的よりはむしろオーストリア的・フランス的雰囲気が漂っているのは、こうした過去の歴史をかんがえると首肯できよう。リッターが心をひかれたのは、しかしこうしたフライブルクの歴史と自然のせいだけではなかった。当時のフライブルク大学史学科は、辺陬《へんすう》の地にありながら天下を睥睨《へいげい》する概があった。わけても一〇年のむかしにマイネッケが教授であったこと、その跡をつぐことにリッターの心は躍ったにちがいない。

**フライブルク時代の著作活動**

ところで、前言したようにリッターが一九二五年にフライブルク大学に着任し、活発な著述活動を開始したころ、ドイツはヴァイマール共和政に政体を変えていた。『ビスマルク』の著者は第二帝政に愛着していたから、第二帝国の消滅はショックだったと同時に、ヴァイマール共和政に真底では共鳴できなかったのにむりはない。歴史に根ざした君主政に代わって伝統のない民主的・議会制的共和政がドイツ革命の結果忽然とあらわれたからである。『プロイセン年鑑』(一九二一)にリッターはこう書いていた。「君主政の歴史的役割はつねにつぎのことだった。すなわち、軍隊の行為によって、偉大な対外的成功によって、内部の争いの息づまるような狭さから大きな歴史の自由な山地の空気へ国家をみちびくことだ、と」。ところがそうしたことは弱体の、内部分裂したヴァイマール共和政からは期待できない。このような考えと対蹠的なのはマイネッケだ。なるほどマイネッケもドイツ君主政に未練があったけれど、しだいにヴァイマール共和政支持に傾く。自己告白によれば、「過去にむかっては心の底からの君主政支持者だが、未来にむかっては理性的な共和政支持者」であった。ヴァイマール体制支持をマイネッケは『近代史における国家理性の理念』（一九二四）で表明するに至る。マイネッケにたいしてリッターには、ヴァイマール国家は「最小限度の悪」とおもわれた。ただ、当時のドイツの内政・外政の状勢から判断して、新しいドイツは広汎な労働者の賛成と協力を必要とするという教訓をえてはいた。したがってヴァイマール共和政を表だって非難するようなことはなかった。だがヴァイマール共和政を倒したヒトラーにたいしては、はじめからはげしく反対した。その次第は後述する。

フライブルク時代においてまず最初にリッターが世評をたかめたのは、『ルター　人物と象徴』(Luther. Gestalt und Symbol. 1925.）による。増版ごとに改訂し、現在は『ルター　人物と行為』と改題されていて広く世間に流布した。ついで『フライヘル＝フォム＝シュタイン——ひとつの政治的伝記』(Freiherr vom Stein. Eine politische Biographie. 2 Bde. 1931.）は、没後一〇〇年を記念して上梓した、プロイセン改革の主役シュタインの浩瀚《こうかん》な伝記であって、研究者および叙述者としての才能をいかんなく発揮した。ひどく骨を折った『ハイデルベルク大学史——ドイツ史の一片』(Die Heidelberger Universität. Ein Stück deutscher Geschichte I：Das Mittelalter. 1936.）も出る。はじめ全五巻を予定したが、ついに第一巻しか出なかった。さらに『フリートリヒ大王——歴史的プロフィール』(Friedrich der Groβe. Ein historisches Profil. 1936.)、『権力国家とユートピア——マキアヴェリとモア以来の権力のデモニーをめぐる論争』(Machtstaat und Utopie. Vom Streit um die Dämonie der Macht seit Machiavelli und Morus. 1940.) を矢つぎ早やに世に送る。本書はたびたび改訂され、戦後には『権力のデモニー』と改題した。通史としては『宗教改革および信仰闘争の世紀におけるヨーロッパの教会的・国家的新形成』(Die kirchliche und staatliche Neugestaltung Europas im Jahrhundert der Reformation und der Glaubenskämpfe. 1941.) を上梓し、『ビスマルク——回想と思想』(Otto von Bismarck, Erinnerung und Gedanke. 1932.) を編集した。そのほか、論説や書評は数えきれない。なお、リッターは「宗教改革史アルヒーフ」(Archiv für Reformationsgeschichte. 1938-1967.) を創刊し編集者となった。宗教改革史研究の国際的機関誌として、ドイツ外からも多くの寄稿者をえた。またバーデン告白教会(ナチスに反抗したプロテスタント教会)においても重きをなした。これがドイツ教会闘争に加担する機縁となる。

**ナチス体制に抗して**　ヒトラー(一八八九~一九四五)とナチスの党勢拡大についてはいまさら贅言《ぜいげん》する要はあるまい。年代記ふうにしるせば、ヒトラーの政権獲得(一九三三年一月)、全権賦与法の可決(同三月)、国際連盟脱退(同一〇月)、ヒンデンブルク死去後の総統就任(一九三四年八月)、ヴェルサイユ条約の軍事条項廃案(再軍備宣言)(一九三五年三月)、ラインラント進駐（一九三六年三月）、ヒトラーの国防軍完全掌握（一九三八年二月）、ドイツ・オーストリア併合（同三月）、ミュンヘン協定（同九月）、ユダヤ人大虐殺（同一一月）、チェコ進撃（一九三九年三月）、独ソ不可侵条約調印（同八月）、ポーランド攻撃開始（同九月）といった具合である。

こうしたヒトラーとナチスの権勢増大にたいしてリッターは当初から警戒心を抱いた。当時の書翰をみると、ヒトラー体制にたいして怒りをぶちまけていることがわかる。「第三帝国は道徳的価値の伝統的な組織を失効させたばかりでない。善悪を区別するドイツ人の能力をも鈍磨させた。この行為者には絶対的なものにたいする責任意識がない」。いわゆる「水晶の夜事件」もリッターに衝撃をあたえた。ナチス宣伝大臣ゲッベルズの指令によってユダヤ人の商店やシナゴーグが破壊された。粉みじんになったショーウィンドウのガラスの破片が街灯にてらしだされた光景から「水晶の夜」といわれたのである（一九三八年一一月）。リッターがその著述のなかで言外にふくませたヒトラー—ナチス批判をゲシュタポは見のがさなかった。フライブルクの教授職を停止するぞと威嚇したり、一九三八年から四三年まで外国旅行を禁じる措置をとったりして陰に陽にリッターに圧力をかけはじめる。ドイツの世界的歴史学専門誌「ヒストーリッシェ－ツァイトシュリフト」（HZ）までがナチスの色に染まってゆくのを黙視できなかったリッターが、HZとの絶縁を宣言したのもこのころである。つまり、一九三八年ごろからリッターは「思索の人」から「行動の人」に脱皮してゆく。その直截なあらわれが「フライブルククライス」の結成にほかならない。

リッターは、ヒトラー体制に批判的な同志とともに定期的に会合をひらいた。経済学者のコンスタンティン＝フォン＝ディーツェ（一八九一～一九七三）、アドルフ＝ランペ（一八九七～一九四八）、ヴァルター＝オイケン（一八九一～一九五〇）や数名の神学者をメンバーとしたのが「フライブルク＝クライス」である。このクライス（仲間）は告白教会とも結びついていた。リッターがカール＝ゲルデラー（一八八四～一九四五）といった政治家・行政家、ドイツ陸軍参謀総長ルートヴィヒ＝ベック（一八八〇～一九四四）、抵抗運動の指導者と相識となったのも、告白教会との関係からだ。一九四二年にフライブルク＝クライスの四人の主要メンバーは、プロテスタント牧師で抵抗運動の指導者ディートリヒ＝ボンヘッファー（一九〇六～四五）から、ヒトラー後のドイツにおける国家・経済制度に関する覚え書を作成するように依頼された。覚え書は教会の目的にも役だつはずだった。覚え書は一九四三年のはじめにほぼ完了した。同年のはじめにユダヤ人絶滅計画を知るに及んでリッターは、ヒトラー暗殺は絶対に必要とかんがえるようになる。もっとも、一九四四年七月二〇日のヒトラー暗殺計画には直接には関与しなかったが。この暗殺計画が失敗すると、ヒトラーは怒り狂った。いもづる式に国防軍将校、貴族、抵抗運動のリーダーたち百四十数人が検挙され、多くが処刑、獄死、自殺をとげた。総計五〇〇〇人にも達したといわれるから、まさに一網打尽であった。フライブルク＝クライスの存在を探知したゲシュタポは、とうぜん彼らにも魔手をのばした。

## リッターの逮捕

一九四四年一一月二日、リッターはついに逮捕される。時代の激動がリッターの個人生活におよんだ一度目は、一九四一年一二月二四日に長男ベルトルトを東部戦線で失ったことだ。今回は自身が死さえ覚悟しなくてはならない状況におちいったのである。フライブルクからはるばるベルリンに送られ、間もなくベルリンの北五〇マイルの所にあるラーフェンスブリュック強制収容所へ入れられた。かつてわたくしはフランクルの『夜と霧』(霜山徳爾訳、みすず書房)で、アウシュヴィッツ強制収容所の地獄図を知り、身の毛がよだった。ラーフェンブリュック強制収容所は、『夜と霧』によるとアウシュヴィッツほど凄惨《せいさん》ではなかったようだが、被収容者の苦痛は言語に絶した。ここでリッターはどのような扱いをうけたのだろうか。一一月二〇日付で妻に手紙を書き、独房の様子を知らせている。「今日は毎日のくらしの模様を知らせたい。独房はわれわれの防空室の半分ぐらいの大きさ。光の状態も同じ。ただ、横木のないランプが天井に吊されている点がちがう。部屋は通風がよく、ヒーターも通っていて、部屋中ピカピカしている。中味はといえば、ベッド、折たたみ式テーブル、洗面器、WCの設備、戸棚。腰かけはある。九時に朝食。黒いコーヒー一杯と黒パン三分の一(夜も同じ)。もちろん刃物は自殺する危険のために持てない。靴ベラでなんとかパンにバターを塗りつける」。想像したほどひどくない。リッターには手ごころが加えられたとしかおもえない。

手ごころが加えられた証拠に、読書は自由だったらしい。完全な沈黙と孤独のなかで読書がゆるされたことは、せめてもの慰めであったろう。一九四五年一月一日付の手紙で妻に書いている。「私はふたたび精神的に大きなエネルギーをもって研究している。プラトンの対話篇は私をとりこにする。トゥキュディデスやプルタルコスやタキトゥスやアウグスティヌスをもっと読みたい。マキアヴェリ全集が私を興奮させた。とくに『フィレンツェ史』はマキアヴェリの政治思想を解くカギだとおもう。だれもそのことを注意しなかった。トレルチは私自身の歴史哲学を根本的に反省する機縁となった。こうして私は偉人と交わり、孤独《アインザーム》でなくて二人きり《ツヴァイザーム》でいる」。このマキアヴェリ研究の件は、のちにもう一度のべている（『マキアヴェリと近代ナショナリズムの起源』『権力の倫理的問題』所収）。

一九四五年になってベルリンへふたたび送られたが、四月二五日、すでに収容所はソ連軍の砲撃を浴びていたけれど、リッターはようやく釈放された。妻とともにかつての女弟子の家の地下室でベルリン攻防戦の最終局面を体験した。四月三〇日にヒトラーは、結婚したばかりの妻エヴァと自殺した。このあたり、ドラマをみる思いがするではないか。こうしてリッターは釈放されたフライブルクの同僚といっしょに西ドイツのフライブルクにたどりつくことができた。九死に一生をえたのである。

**復学後の活躍**　一九四五年一二月にフライブルク大学は再開される。リッターは「解決委員会」議長となって大学の再建に努力する。解決委員会は「ナチスに協力した」フライブルクの同僚教授をできるだけとりなした。協力した教授でもっとも有名なのはハイデッガー（一八八九〜一九七六）だろう。一九三三年一月にナチス政権が成立すると、四月に学長に就任したばかりのハイデッガーはナチスに入党し、問題の就任演説「ドイツ大学の自己主張」を行い、その後もナチス支持の態度を変えようとしなかった。ハイデッガーとナチズムとの関係については近年数冊の研究書がでているから、詳しく述べない。では、リッターとの関係はどうだったのだろうか。ハイデッガーはリッターより一歳若く、フライブルク教授着任も三年遅れているが、ずっと同じ哲学部にいた。彼らが親交を結んだか、それとも同じ学部に籍をおいたというだけの間柄だったかは別として、名声は互いに知っていたはずだ。しかもリッターがハイデッガーと政治的立場を異にしたのだから、「ナチスに協力した同僚教授をできるだけとりなした」のはどういうわけだろうか。一九四六年一月二八日付の、実存哲学者カール＝ヤスパース（一八八三〜一九六九）あての手紙でこう書いている。「ハイデッガーは強い性格ではない。かれは絶対に正しいというわけではない。とはいえ、けっして卑劣な密告者ではない。一九三四年一月三〇日以来はナチスのはげしい敵対者だった。かれを一九三三年に不吉な誤ちにみちびいたヒトラーにたいする信頼をまったく失った」。ハイデッガーの振舞いを一時的な過失とおもい、とりなしたのかも知れない。

フライブルク大学

余談はさておき、リッターはかように大学の再建に力をつくす一方、堰が切れたかのように学問的活動を再開する。著作でまず注目すべきは『カール＝ゲルデラーとドイツ抵抗運動』(Carl Goerdeler und die deutsche Widerstandsbewegung. 1954.)と、すでに戦時中に起稿していた畢生《ひっせい》の大著『国政術と戦争技術　ドイツにおける〈ミリタリズム〉の問題』(Staatskunst und Kriegshandwerk 1-4. 1954-1968.)である。『ヨーロッパとドイツ問題』(Europa und die deutsche Frage. 1948.　改訂増補版『ドイツ問題――過去・現在のドイツ国家生活の根本問題』Das deutsche Problem. Grundfragen deutschen Staatslebens gestern und heute. 1962.)は、一九四五年の破局後におけるドイツ歴史像の修正の最初の試みだ。こうした学問的業績のほかに事務的手腕もふるった。ドイツ・フランス協定の締結とか現代史研究所の開設にもあずかる。一九四九年には新たにつくられた「ドイツ歴史家協会」の議長にえらばれる。内外のアカデミー会員に推挙され、一九五七年にはドイツ連邦共和国から「プール・ル・メリット」勲章をさずかる。一九五三年には「国際歴史学会議」委員となり、最後にはその副委員長をつとめた。講演や資料調査のためにたびたび西ヨーロッパやアメリカ合衆国に足をはこぶ。学界以外では福音主義教会のために尽力した。政治的立場ではCDU（キリスト教民主同盟）に近かった。実際政治に関与することはなかったが、アデナウアー（一八七六～一九六七）政権を支持した。

余談になるが、アデナウアー政権を支持したひとつの証拠がある。くわしく述べる余裕はないけれど、アデナウアー首相時代に「シュピーゲル事件」がおこった。「シュピーゲル」は西ドイツで発行されていた週刊誌で、反体制的な言論で人気をとった。一九六二年一〇月に、同誌がたまたまNATO（一九五〇年九月にNATO理事会は西ドイツの国防軍創設をみとめ、西ドイツは一九五五年五月にNATOに正式に加盟した）機動演習の内実を詳細につたえ、西ドイツ国民軍の防衛体制には欠陥があるとした。編集長は国家機密漏洩《ろうえい》の容疑で逮捕された。結局、「シュピーゲル」への弾圧は言論の自由をさけぶ世論に屈し、編集者は釈放された。しかし国防相がそのために辞任するという一幕もあった。リッターはこのシュピーゲル事件で政府に味方した。反ヒトラー抵抗運動で戦ったリッターにこの挙があったのを意外におもう向きもあったらしい。おそらくリッターには、合法的な政府はまもるべきだという考えがあったのであろう。こうした点でも、リッターはアデナウアー時代の代表的歴史家だったといえよう。

## リッターの最期

一九五五年らい、リッターは眼病をわずらい、何回か手術をうけた。だが眼疾も身体の衰えも制作意欲をそぐことはなかった。『国政術と戦争技術』を上梓すると、第一次世界大戦におけるドイツの戦争目的をめぐってハンブルク大学の気鋭の歴史家フリッツ＝フィッシャーと論争し、内外学界の注目を浴びた。晩年に至るも火を吐く活火山であった。『国政術』を終えてから、一二巻に達する全集の編纂や往復書簡の抜萃を立案していたし、近代国家に関する大著も脳裡にあった。しかし一九六七年七月一日、短い病いのあとに突然におそった死が、すべての計画の遂行を不可能にした。一九世紀末から今世紀半ばに生きたドイツの歴史家なら、「四生の経験」をもったはずである。が、リッターほどこの四生を精一杯生き、それから学び、それを自己の業績に反映させた歴史家はいない。では、リッターの業績はどういうものであったか。

# 準備期間の業績——一九四五年まで

## 初期の著作

リッターは多作家であって（著作目録では四七二点をかぞえる）、おそらく現代ドイツの歴史家でリッターの右にでる者はいないだろう。むろん、わたくしはすべてに目を通したわけではない。主要著作にかぎっても、『後期スコラ学研究』（第一巻一九二一、第二巻一九二二、第三巻一九二七）とか『ハイデルベルク大学史』（一九三六）などは絶版になっていて入手困難である。したがって欠落した部分はシュヴァーベによって補説するほかない。業績を一九四五年までとしたのは、一九四五年以後の飛躍にそなえた準備期間だったからである。なんといってもリッターの脂がのったのは、一九四五年以後だ。ドイツが荒廃から立ちあがって奇蹟の経済復興をなしとげた。そうした西ドイツの復興がリッターの制作欲をかき立てたのはありうることである。

前言したように、リッターのデビュー作は『プロイセン保守派とビスマルクのドイツ政策』（一九一三）である。「古プロイセンの地方分権的党派から国民的・ドイツ的党派への変化」の分析を主題とし、帝国建設時代における党制度と世論との歴史にたいして寄与しようとした。史料には同時代人の印刷物、パンフレット、議会議事録、未刊の史料を渉猟《しょうりょう》した。ビスマルク（一八一五〜九八）はリッターにとって古い保守主義者の「ロマンティックな感情-原理政治」とちがった、「現実的な権力政治」の教師と見えた。リッターがなお第一次大戦前におけるビスマルク像にとらえられていた証拠になる。この処女作は学界で脚光を浴びるまでには至らなかったものの、現代史家としての存在はみとめられた。ところがハイデルベルクのアカデミーから大学史を書く委託をうけ、精神史研究という新しい分野の研究に没頭することになった。しかし予備研究を必要とかんがえ、後期スコラ学研究にうち込む。ほんらいルター派プロテスタントであるリッターが、スコラ学に関して大著をあらわしたのは驚嘆すべきである。ただ、『ハイデルベルク大学史』は第一巻の中世を出すにとどまった。こうした著作によってリッターが政治史の領域ばかりでなく、精神史や思想史の領域にも通暁したことは注意しておかねばならない。『ハイデルベルク大学史』が未完に終わったのは、スコラ学研究のあいだにドイツ-ヒューマニズム研究とこれに関連するルター研究が関心の的となったせいでもある。

**もっとも普及したルター伝**　『ルター――人物と象徴』（一九二五、一九四三年の第三版から「人物と行為」と改題、一九五九年第六版）は、こんにちもっとも普及したルター伝のひとつとなっている。増刷するごとに修正をほどこし、時代の転変を如実に投影している。一九二〇年代のリッターは、第一次大戦の敗北とヴェルサイユ講和の屈辱の印象を強くもっていた。したがって

ルター

『ルター伝』によってドイツ民族の歴史的伝統を想起させ、ひいては国民的自覚をうながすことを主眼点とした。いきおいルターの英雄的理想主義が強調された。しかし第六版では、ルターを国民的英雄としたり、ルターにおける国民主義的・反西欧的立場を強調したのは行きすぎだった、と反省している。「永遠のドイツ人」といった標語もけずった。ところが第二次大戦におけるドイツの敗北は、宗教改革者と現代との近さを切実に感じさせた。「ロシアにおいて戦死せるベルトルトの思い出に」ととびらに書いたのも、ドイツの苦難をわが身の苦難と重ね合わせたものだ。しかし本書でリッターがのべたのは神学者ルターや革命家ルターではない。ドイツ史およびドイツ精神生活の中心人物としてのルター、つまりルターの人間性、内外の困苦、運命、周辺世界をいきいきと目に浮かばせようとする伝記にほかならない。それでは、リッターはルターの人物と行為の真髄をどうとらえたか。「ルターとドイツ精神」(Luther und der deutsche Geist. 1941.)という論文(『宗教改革の世界的影響』拙訳所収)がこう要約している。

「まったく特別な意味でマルティン＝ルターは、われわれの歴史の偉人のうちで〈ドイツ人〉と特徴づけられるべきである。チューリンゲンの農民の子として生粋のドイツ種族から出、かれはほとんど比類がないほど根源的な力をもって、また直接直観的に、ドイツ民族性のもっとも独特な本質的特徴、その長所ならびに短所を自己のうちで総括している。中世から近代への敷居に立ちつつ、かれは自己の精神的現象のうちで、中世の敬虔な感覚、思考および形態においてドイツ的であったいっさいを、ほんとうにはじめて明らかにする。というのは、かれは、しだいにそれをおおったロマン的教会主義の厚い覆いを強引につき破るからである。もっと重要なことはこうだ。かれの宗教行為の継続作用によって、かれはほかのどの個人よりも深くかつ持続的に、近代の数百年におけるドイツ人の精神的特質をともに基礎づけた。同時にしかし、近代ヨーロッパの形成にたいするドイツ精神の影響に道をひらいた。いや、こういうことができる。ドイツの精神特質に、とくにヨーロッパの北部や東部において指導的地位をえさせた、と。この事実の歴史的意義を正しく評価するためには、まず、ルターの宗教改革行為の本質的なもの、決定的なものはなんであったか、を問わなければならない。……かれはあくまで宗教的な予言者だった。かれがなんであり、世界史になにを意味するかを理解しようとするならば、かれの精神のもっとも奥深い領域において、とりも直さず心情の神秘な深淵において、神との格闘において探究しなければならない。特別な意味で〈ドイツ的〉とわれわれにおもわれるのは、まず第一に、ルターの宗教改革行為の無意識な天才と純粋な内面性である。すなわち、かれは外部からキリスト教的福音の新しい理解に達したのではなくて、あくまでも内部から達した。この特質がかれの偉大の本質的な部分をなすと同時に、限界を意味する。つねに活動の組織的なもの、つまり教会、その制度、礼拝形式、世間的生活における地位などの新しい形式は、かれの業績のかなり弱い部分であった。そしてフランス人カルヴァンのような過激な、すばやい、明白な決心においてではなしに、ルターは骨のおれる、けっして終わりのない戦いにおいて自己の新しい認識に到達する。神学上の業績の天才にしてからが、ほんらいの知的懐疑の領域ではなくて、あくまで心情の領域に根ざす。……革命家たろうとしたのではなくて宗教改革者たろうとした点でも、ルターはまぎれもなくドイツ的だった。伝統を破壊するかわりに、キリスト教の本質の良いもの、古いもの、醇乎《じゅんこ》としたもの、永遠の内容を回復しようとした、保守的な男なのである。かれにとって肝腎だったのは、ただ原則的なもの、すなわち宗教的心情のもっとも深い内容のみで、組織することではなかった。かれは、われわれが中世の数世紀をつうじてドイツ的信心のもっとも特色あるものとして跡づけうるもの、すなわち内面化された信心のために外面的な教会制度をおしのけようとする運動の、完成者・実現者とおもわれる。」

ルターの真髄を「ルターとドイツ精神」によって紹介したが、『ルター』は伝記であるから、時代の進行を背景にしてルターの人物と行為を述べた。なお付言しておく。プロテスタンティズムの倫理といえば、マックス＝ヴェーバー(一八六四～一九二〇)やエルンスト＝トレルチ(一八六五～一九二三)の著名な研究をおもい出すけれど、リッターは彼らがカルヴィニズムを理想化しすぎたとして賛意を表していない。

**プロイセン改革の主役シュタイン伝**

宗教改革者の伝記をあらわしてから数年後に政治家の伝記をあらわす。フライヘル＝フォム＝シュタイン（一七五七〜一八三一）は、あらためて注釈を加えるまでもなく、一八〇七年にプロイセンがナポレオン（一七六九〜一八二一）に敗れてのちプロイセンの復興と近代化につとめた政治家だ。一八〇八年にナポレオンに罷免され、ロシアに亡命して解放戦争（一八一三〜一四）を陰から指導した。このプロイセン改革の主役が死没して百年目に当たる一九三一年に、『フライヘル＝フォム＝シュタイン――ひとつの政治的伝記』をあらわしたのである。ゲッティンゲン大学の歴史学者マックス＝レーマン（一八四五〜一九二九）の三巻本のシュタイン伝が、従来スタンダードな伝記とみなされていた。リッターは、シュタインの根本思想はフランスに由来するといったレーマンの見方を修正し、新しいシュタイン像をつくり出した。いたずらにシュタインを愛国者や英雄扱いせず、周囲の世界から孤立させずに、時代の政治的・経済的・精神的条件のなかで考察した。百年前に死没した政治家のたんなる伝記ではなくて、強烈な現代意識がはたらいていることが、これから後もそうだが、リッター史学のきわ立った特質である。「結論」にこうある。「本書において報告されるドイツの興起の時代の影響は、ドイツの政治史・精神生活のまるまる百年を規定した。一世代のうちに外国の精神的財への依存から上昇してヨーロッパの指導的文化国民の役割を演じるようになり、ナポレオンによる政治的屈服から解放され、昔からの分裂と無力から新しい統一へ、政治的運命共同体の意識と国民的な誇りをもつことは、ドイツ民族にとって独特な体験であった。ほんとうの政治的要求、すなわち国民的権勢力と倫理的・宗教的確信とのおどろくべき一致は、ドイツ人の意識のなかで全一世紀をつうじて解放闘争を輝かせ、解放闘争の先駆者、その指導的人物を伝説的な光でとりかこんだ。」

「多くのすぐれた政治的・軍事的なひとびとが会同した。このことが昔からドイツの歴史叙述をひきつけ、伝記を書かせた。こうした努力の最後のもっともすばらしい成果として、マイネッケの『世界市民主義と国民国家』が出た。こんにち、二つの世界戦争の破局のあとで、われわれは一変した観点からドイツ史のあの頂点の時期を回顧する。こんにちわれわれは、以前よりも鋭くあのドイツの興起の裏面をみる。すなわち、闘争中に生じた国民意識の一面的・軍事的な特徴を、戦争の賛美の危険な影響を考察する。本書はすでに一九三一年の初版において、愛国的な上塗りをとり除くことに寄与した。そうした上塗りのために自由主義的・国民的歴史の像はゆがめられていた。冷静な真実こそ、歴史的考察において真に有益となりうる唯一の態度なのである。歴史研究は、正しく解すれば、過ぎ去った偉業の賛美ではなくて自覚である。」

シュタイン

「シュタインは意志と行為の人だ。かれの名はドイツ国民運動の始まりにたいしてシンボルとなった。そればかりでなくて、新しい自由思想のシンボルとなった。もちろん、われわれはシュタインの

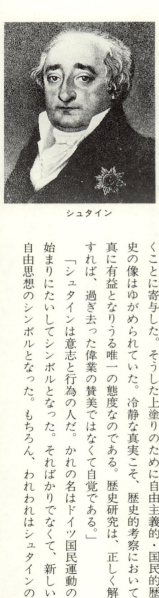

名を現代のなんらかの内政的要求の意味で現実化しないように注意しなければならない。かれを現代のなんらかの党派にたいする重要証人として要求するなど、見込みのないことだ。じっさい、そういう試みは再三行われた。たとえば、ヴァールのように保守派の証人としたり、レーマンのように国民主義の証人としたり、プロイスのように民主的左派の証人としたり。しかしシュタインはじしんの時期の歴史的前提や政治思想にきびしく束縛されていたのであって、そこからのみ理解しなければならない。そうはいっても、啓蒙主義とロマン主義とのあいだの、一九世紀の古い貴族制度と市民的・自由主義的制度理想とのあいだの、きわめて独特な中間地位において、シュタインは偉大な使命を果たした。はじめは西ヨーロッパ、本質的にはイギリスに範をとった。だがドイツの具体的な局面において、つまりかれの外政上の破局という体験において生じたものは、自由主義の特別にドイツ的な形式であった。そうしたドイツ的形式は、カント、ヴィルヘルム＝フォン＝フンボルトのようなひとびとの思想によってかちえられたものである。このドイツの初期自由主義は、一八一五年以後の王政復古的な保守勢力の抑圧で十分には発展できなかったけれど、にもかかわらずシュタインの自由思想の倫理的核心をもってドイツの政治生活および精神生活において新しい影響をおよぼした。そうした自由思想の成立と発展のためにシュタインも独創的な寄与を果たしたのである。この記憶すべき、しかし忘れられた連関をあらためて証明し、具体的に述べることが本書の最重要課題のひとつであろう。」

こうして第一部「生成の時期」、第二部「改革の時期」、第三部「外国支配の束縛のもとで」、第四部「解放」が一七章にわけて細叙される。「フィッシャー文庫」版（一九八三）でも六五〇ページの大著であって、新版においては「旧版を一行一行訂正した」とリッターはいっている。そしてマイネッケや門下のハンス＝ロートフェルス（一八九一～一九七六）が本書を批判したとき、リッターは即座に批判に答えた。事学問に関しては師も友にも手加減しないのが、リッター流儀だ。

**暗にヒトラーを批判するフリートリヒ大王伝**

プロイセンの英主フリートリヒ大王（在位一七四〇～八六）の没後一五〇年目に当たる一九三六年に、リッターは『ルター伝』『シュタイン伝』につぐ三番目の伝記をあらわした。フリートリヒ大王についての誤伝や曲解をとり除いて、真のすがたをえがくのにふさわしかった。「歴史的プロフィール」と副題したように、『シュタイン伝』のような大著ではない。しかしこの著作には裏面史がある。暗にヒトラーに抗議し、フリートリヒ大王と対照的なヒトラーを誹謗したのである。これより先、一九三三年三月二一日にヒトラーは、ポツダムの守備隊教会にあるフリートリヒ大王の墓前においてヴァイマール共和国大統領ヒンデンブルク（一八四七～一九三四）にうやうやしく頭をさげ、ヒンデンブルクと握手し、新国会の開催を宣言した。魂胆は、こうした挙措《きょそ》によって古プロイセンの伝統とナチズムとの宥和を国民の前で誇示することだ。リッターにしてみれば、褐色の権力者（ナチ党員は褐色のシャツを着用した）がフリートリヒ大王の後継者を自任する厚顔無恥は憤激にたえない。だが本書をあらわした一九三六年の時点で、いまや飛ぶ鳥をも落とす勢いのヒトラーに楯つくことはできず、言外の含みをもたせるほかなかった。だから一九五四年の第三版の序言でいきさつを明らかにし、終章を書きあらためたのだった。だからといって、むろん本書はきわものではない。「私の叙述は、できるだけ明白に歴史的現実の一片を提供しようとするものである。すなわち、ホーエンツォレルン家最大の王のプロフィールを簡潔にえがこうとする。たいていの近代のフリートリヒ伝のように、たんに伝記的なものや心理的なものに限定されずに、全生涯の事業と歴史的な周辺を包括する。さらに本書は、冷静な政治的・歴史的自覚への呼びかけとかんがえられる」。政治状勢の変化によって判断が直ちに変わるものではないが、質問の仕方は変わる。したがってリッターが緒言と終章を書きあらためたのは豹変ではない。まず、『フリートリヒ伝』において伏線が張られていることも注意しておかねばならない。戦後の大著『ゲルデラー伝』と『国政術と戦争技術』への伏線だ。前者はヒトラー暗殺未遂事件を、後者はドイツ―ミリタリズムをすでに射程にいれているのである。

「緒言」でリッターの意図が知られる。「〈フリートリヒ大王〉というテーマは、われわれドイツ人にとって汲めども尽きない。ドイツの政治的運命が変わる度ごとに、このテーマが想起される。プロイセンのもっとも暗澹としたとき、つまりイェナの破滅後においてさえ、この思い出ははつらつとしていた。とりわけ闘争と政治的興隆の時代には、フリートリヒの名がよびさまされたものだ。

一八一三年の自由の闘士たちは、フリートリヒの国家管理の精神に疎遠だったとはいえ、彼らを勝利にみちびいたのは、フリートリヒ大王式の軍隊であった。もちろん新しい時代の自由思想とむすびついてはいたが。ビスマルクの帝国建設でも、フリートリヒの精神の前では影がうすい。第一次世界大戦のさいにも、ドイツはフリートリヒを想起した。七年戦争におけるフリートリヒの大同盟のことを。戦後にもオスヴァルト＝シュペングラー（一八八〇～一九三六）は一九二〇年に『古プロイセンの思想』に思いを馳せた。そして最後に、オーストリア人アドルフ＝ヒトラーすら、プロイセンやフリートリヒ大王の伝統の担い手にして革新者を自称した」。こうしてフリートリヒ大王というテーマは延延と現代におよぶ。

「プロイセンの歴史は依然として全ドイツの過去の中心問題だ。いったい、フリートリヒ大王がきずいた強国へのプロイセンの興隆は、他日どうしても破滅とならざるをえなかった邪道にほかならなかったのではないか？　それともプロイセンの興隆は、われわれの父祖がすべて信じたように、ドイツとヨーロッパとの健全な永続的秩序の有益な可能性を蔵していたのか？　ただ、そうした可能性は、濫用のためについには不幸となってしまったのではないか？　いったい、プロイセン国王じしんは、国王の亀鑑《きかん》と国王がつくった伝統によってこの災いにみちた発展にいかに与《あずか》っているのか？　そもそも〈フリートリヒ大王の精神〉とはなにか、どこでその歪曲がはじまるのか、古プロイセン気質でなにが危険で、なにが健全なのか？　こうした問題は、一九四五年の恐ろしい破滅によって答えられたり切断されたりしない。いまこそいきいきとした問題になったのだ。その真摯な討論はようやくはじまったばかりである。この討論は、われわれの現在および将来にとってきわめて重大な、あの歴史的新省察の核心をなす。討論がたんなるおしゃべり以上に高まるべきだとすれば、討論は歴史的現実の明白な、偏見なき見方に立脚しなければならない。しかしこうした見方は、あらゆる歴史現象をまずひたすらそれじしんの時代の生活関連から理解するひと、そうしたひとのみが獲得する。現代の体験からの問いや判断を軽率に混入してはならない。フリートリヒ大王の追想は、ナチスによって自己を美化するために悪用された。二〇世紀にドイツと世界に到来した災害にたいする責任をフリートリヒ大王に負わせるのも、同じような悪用である。われわれはフリートリヒの人物をじしんの時代から理解しなければならない。このような理解を可能にするためにはまず、フリートリヒが成長し、それの背景でその行為が評価される政治的な四囲の世界を彷彿させよう。とりも直さず君主絶対主義の世界、宮廷的バロックの世界を。」

全一〇章から成る『フリートリヒ大王』は小著ではあるけれど、やはり主著のひとつとみなすべきだろう。そこでは歴史の過去と現在が一体をなしている。そしてフリートリヒ大王の古プロイセン的伝統は、『国政術と戦争技術』第一巻において子細に検討される。が、それは一八年後まで待たなければならない。

**物語的歴史のヨーロッパ近代史**　ビスマルク、ルター、シュタイン、フリートリヒ大王といった個人を仲立ちにしてドイツ近代史をたどってきたリッターは、ドイツをも含めて、ヨーロッパ近代史の発端をしるす必要をかんじたのであろうか、一九四一年に『ヨーロッパの教会的・国家的新形成』を上梓する。『新プロピレーン世界史』の一巻として第二次大戦のさなかに出たが、改訂版（一九六七）が「ウルシュタイン文庫」にはいり、現在は容易に入手できる。四五〇ページの、かなりの大冊である。旺盛な筆力におどろかないわけにゆかない。密度の高い通史だが、豊富な文献指示は入門書としても最適であろう。

「私の叙述の意味と目標は副題によって示唆されているし、序論において要点が述べられている。肝腎なのは、国民史をたんに並列することではなくて、雄大な総合的過程、すなわち精神的・宗教的および政治的諸力の争いにおいて近代ヨーロッパがいかに生成したか、ということである。このドラマをいきいきと描くことが大切だった。政治史と文化史、物語と描写との関係もこの主目標にマッチしなくてはならなかった」。一般的叙述の合い間合い間に個人の評伝がはさまれる。紹介する余白はないが、たとえばカール五世、カルヴァン、ロヨラなどの風貌が生彩にとむ筆致でえがかれている。本書を「三十年戦争勃発の前夜でわれわれの物語は終わる」とむすんだように、リッターは一篇の物語史を書いた。物語である以上、波乱万丈のドラマを展開する。わたくしの独断と偏見かもしれないけれど、現代の歴史学者は物語的歴史を見くだす風《ふう》がある。だが歴史の原初形態は物語的歴史なのである。時には素朴、時には荒唐無稽だが、それにもかかわらず、ヘロドトスから今日までつづいている。歴史には科学性がなければならない。が、物語性を追放したことが結果的に歴史を面白くなくしてしまったのではないか。リッターが論争家だからといって、理屈ばかりこねるわけでない。物語的歴史こそかれの身上、であったことは特筆に値する。思うにリッターは、物語的歴史の古い革袋に現代歴史学の新しい酒をいれることで、一般の人びとの要望に答えたのであった。

## 隠された意図と『権力国家とユートピア』

『ルター』、『シュタイン』、『フリートリヒ大王』の伝記的著作でもすでに示唆されていたはずの、「権力と倫理」というテーマにまっ正面からとり組んだのが、『権力国家とユートピア』（一九四〇）にほかならない。前年九月に第二次世界大戦が勃発した。ナチス－ドイツ軍は得意の電撃戦でベルギー、オランダ、北欧を席捲《せっけん》し、フランスをあっけなく降伏させた。独ソ戦は一九四一年六月に開始されるが、当時のドイツの勝勢は歴然だった。そういう時機に刊行されたのである。「本書は私が多年来研究し目標とした、世界史的研究の連関から生じた。すなわち、比較的・歴史的考察において近代のヨーロッパ国家の本質を究明することである。この課題は、近代の国家を中世国家および古代国家とたえず比較対照させるときにのみ解決される。マキアヴェリズムとモラリズムは無時間的な、いかなる特定の国民性にも拘束されぬ、権力の道徳的問題にたいする根本的タイプとみなされる。にもかかわらず本書は、これら二つの態度の対立が政治的現実においてきわめて大きな影響をおよぼしたという証明を試みる。それというのも、〈大陸的〉政治と〈島国的〉政治との対立をこの証明は深めたからである。マキアヴェリの著作とトマス＝モアの著作ではじめてそのことが明らかになる。そうかといって、マキアヴェリズム的政治と思想界にぞくするすべてがマキアヴェリに、権力のすべての「道徳主義的」縁かざりがモアに帰せられることを意味しない。また、〈マキアヴェリズム的〉思想界がヨーロッパ大陸に、〈道徳主義的〉思想界がイギリス国家にかぎられていることを意味しない。実際政治の方法に関して私がしめしたいとおもうのは、つぎのことだ。つまり、一方では道徳主義的な自覚は政治の実際の〈マキアヴェリズム〉と密接に連関すること、他方では権力の道徳的問題性が大陸の、〈マキアヴェリズム的〉闘争法をしめされた国家世界におけるほど、深く見られ感じられたことはない、ということである。本書においてしめした、近代のヨーロッパの政治と国家理論の二つの根本タイプの対照は、なんら誇張するものではなくて、限界内で理解される。」

一見、緊迫した時局と没交渉な、したがって当たりさわりのない文言である。わたくしは物足りなさをおぼえつつも、訳出の許可を乞うた次第は前述した。ところが送られてきた改訂版『権力のデモニー』（第六版、一九四八）をみて、意外な事実を知った。旧版とくらべると、第一、二、三章は部分的訂正のほかは異同がないけれども、第四章はかなり相違し、第五章の結論が新たに加えられている。わたくしをとくにおどろかせたのは序言だった。「本書の初版は一九四〇年に『権力国家とユートピア』の表題で上梓した。しかしこの書名はカムフラージュだった。というのは、出版社と決めたもとの言いまわしでは、世故にたけた記者の意見によれば、著書をも著者をも、ナチスの権力者とたちまち衝突させるからであった。こんな具合にして宣伝省をだまそうという私の意図は、はじめは完全に達せられた。一九四三年に第三版、第四版が売りきれてからは、もう増刷はゆるされなかった。〈行間の意味を読みとる〉ことに慣れていたドイツの読者は、その多数が、ここでは政治のデモニーを賛美することではなくて、ほんとうは正体をあばくことが肝腎だったことを理解した。この正体暴露のゆえに本書は反対派にぞくする読者のあいだで活発な反響をひきおこしたのである。しかし今こそヴェールが落ちる時だ。この新版ではじめて私は、隠し看板のない意見をすっかり披露することができる」。ナチス宣伝省を瞞着《まんちゃく》するために当たりさわりのない序文を書いた、リッターの秘めた考えをわたくしが見抜けなかったのも仕方がなかった。

以上が一九四五年までのリッターの業績の大要である。ルター派の固い信仰心、ドイツ人としての強い国民感情、保守的政治観、ランケ以来の政治史学の継承といった面が一貫している。『権力のデモニー』は、厳密にいえば一九四五年以前の著作だが、改訂版の内容から以後に組み入れるのが妥当であろう。そこで次章において本書の問題点をあらためて検索することにしよう。いずれにせよ、一九四五年という年は、ドイツ史にとってもリッターの業績にとっても画期的なのである。

# II

# 権力と倫理

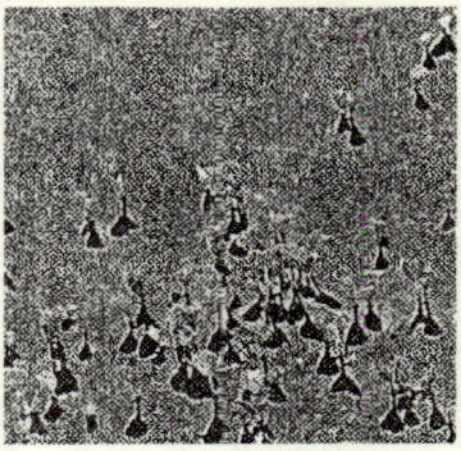

# 権力のデモニー

政治と倫理、いいかえれば権力と正義とはいかなる関係にあるか、権力所有者や権力闘争者は権力の使用をいかに制限し、いかなる倫理的責任を負うか。リッターが終生追究したテーマであったが、『権力のデモニー』において集約した。ざっと紹介すると以下のようである。

## 近代国家の出現

リッターによれば、ルネサンスは何よりもまず近代国家の生誕時である。「歴史的な時代転換は、ブルクハルトのように個人主義という曖昧な概念によってよりも、ヨーロッパのすべての主要国で中世の終末をしめす具体的な現象、すなわち近代国家の出現によっていっそう明白に特徴づけられる。中世ではいっさいの生活が大寺院の陰で行われ、教会の鐘の音で消されるように、近世紀では大政治の武器のざわめきによってかき消される。十字軍時代の宗教的熱狂は、政治的理念＝権力闘争の熱狂的な熱情によって解消される。教会のかわりに国家がいよいよ生活を規定する勢力となる。国家はヨーロッパの人間に運命と化し、ために国家はついに個人生活のなんらかの範囲の、国家の勢力範囲からのいかなる原則的区画をももはやみとめない」。こうした近代国家の誕生時としてのルネサンス時代に、マキアヴェリ（一四六九～一五二七）とトマス＝モア（一四七八～一五三五）という二人の政治思想家があらわれた。彼らの課題の前提がつぎに概観される（緒論、第一章）。

**権力のデモニーとはなにか**

表題とした「権力のデモニー」とはなにか。リッターにしたがえば、デモーニッシュなものは善のまったくの否定ではない。光にたいするまったくの暗黒の領分ではなくて、薄明、曖昧、不確実なもの、おそろしく気味が悪いものの領分だ。デモニーとは憑依《ひょうい》である。そして権力のデモニーとは、それなくしてはいかなる偉大な権力組織も成就しないけれども、同時に危険な破壊的な力を包蔵している、意志のあの憑依にほかならない。政治上の構成がほとんど人間的・倫理的価値のひどい破壊なしには不可能なこと、権力は往往にして法にそむくこと、政治的闘争者の意志のなかでは最高の無我が最高の我欲と結びつくこと——こうしたすべてが権力のデモニーなのである。

マキアヴェリ

だが古代ではギリシア人もストア哲学者もローマ人も、こうした権力のデモニーを知らなかった。キリスト教は古代の政治観に大きな転換をもたらしたとはいえ、権勢欲をきわめてせまく制限した。一三世紀になると、キリスト教的統一文化の全組織は衰微した。そうした事態は政治の現実に反映してくる。有力な主権者の権力欲が、キリスト教的倫理学やゲルマン的法律観がおいた制限を破りはじめる。かつてキリスト教的西洋の世俗・宗教両首長の争いが政治混乱をのこしたイタリアにおいて、このことはもっとも早く、もっとも決定的だった。そこでイタリアの小国家世界にあらわれたマキアヴェリがはじめて、炯眼《けいがん》をもって政治的権力闘争の本質を見抜く。

**権力のデモニーの発見者マキアヴェリ**

リッターはマキアヴェリの著作、とりわけ『君主論』と『ディスコルシ』を引用しつつ、マキアヴェリの新しい政治学、すなわち政治的行動主義の倫理学を分析する。それは闘争者の倫理であって、中心概念「ヴィルトゥ」はまぎれもなく闘争者の道徳概念である。しかしそれはいっそう高い権力の目標、個人の運命をこえたところをめざし、国民全体を歴史的高所へ運んでゆくような権力目標のためには、生命を賭することも辞さない。このような政治論の特色はつぎの点にある。

第一に、近代の独特な徳論が問題になっていることである。この徳論は、古代の哲学にとってまったく無縁であった人間像を前提している。大衆はならず者や卑怯者や愚か者から成り、彼らにあっては理性はごく脆弱《ぜいじゃく》か、あるいはこわれている。そこから、精神と意志とをそなえた、少数の英傑があらわれる、というわけだ。彼らはその卓越性を、個人的権力の確立と同じように偉大な国家の建設のためにもふるう。

第二に、宗教や市民的道徳なしにはいかなる国家制度も長つづきできないという意識がマキアヴェリに欠けていたわけではない。ポリュビオスやキケロその他の古典作家と軌を一にして、古代ローマ共和国の偉大がローマ民族の太古のヴィルトゥの根から生長したことをかんがえると、マキアヴェリもこのヴィルトゥを宗教や道義と解していたふりをする。いいかえると、かれは宗教と市民的道徳とにいかなる自立性をもこばみ、政治の道具とみなす。宗教や市民的道徳は群衆をいっそううまく支配するために、政治的狡智《こうち》がつくりだした施設にほかならない。ヴィルトゥは闘争者の徳だ。中世国家論における「正義と平和」といった考えは、もはやマキアヴェリにとって光輝を失ってしまった。

**マキアヴェリの歴史的功績**　どうしてこんな政治観がうまれたのだろうか。マキアヴェリが忠告しようとしているのは、平和な秩序の時代ではなくて危急存亡の秋《とき》だ。政治的・道徳的解体あるいは新しい国家権力の樹立といった危険な時代である。こうした時代では、共和主義者マキアヴェリのあらゆる願いは、衰退した国家や民族の再生をゆだね、永続的な秩序の回復を託するに足る権威をつくるという、必要の背後にしりぞかねばならない。だが、遠慮会釈のない行動主義によって専制政治の危険が生じないだろうか。マキアヴェリはその点であくまで共和主義者であって専制

エラスムス

政治を憎む。国家を偉大にするのは、個人でなくて公共福祉である。それは共和国においてしか配慮されない。にもかかわらず、かれが専制君主をみとめるのは、共和国が堕落した場合の応急処置としてなのである。

　マキアヴェリの政治学が危険な一面性をもつことは多言を要しない。しかしこの一面性が、以前には知られなかった、あるいは不完全にしか知られなかった真実を明らかにするなら、一面性も歴史的功績である。マキアヴェリが新たに発見したのは権力のデモニーであった。現実の権力所有なくしては、またたえざる闘争用意なくしては、いかなる国家も維持できないという説をとなえたのはマキアヴェリをもって嚆矢《こうし》とする。かれの説は大陸のいたるところで確認された。しかしながら政治にはべつな面がある。平和な正義の秩序と存続の秩序がそれで、キリスト教的中世はそのことを十分に配慮していた。アルプスの北においては正義の感覚が力強く生きていた。

## エラスムスとモア

　一五一六年、マキアヴェリがその著書をメディチ公にささげた年に、ヒューマニストの二つの著作があらわれ、キリスト教的君主論と国家論とにマキアヴェリに劣らない近代的な形態をあたえた。オランダ人エラスムス（一四六五〜一五三六）の『キリスト教的君主論』と、かれの友人、イギリス人トマス＝モアの『ユートピア』である。これらの著作はマキアヴェリの国家観と極端に対立する。福祉政治という理想を高唱するのである。エラスムスの根本思想はキリスト教的・ヒューマニズム的平和主義である。人間の本性がもつ善性は、原罪のためにそこなわれているけれども、すっかりこわされてはいない。人間は理性的な開明を必要とするだけの話だ。戦争遂行は愚の骨頂で、正当づけるいかなる根拠もない。反対に平和ほど有益なものはない。粗野な暴力のかわりに、利害を平和裡に調停することが必要である。マキアヴェリの現実主義からみれば浮世ばなれした空想とおもわれようし、教会の教えからみても空想的とおもわれよう。にもかかわらず、オランダのような、大国間に介在する中立国においては、エラスムス的な理念はずっと影響をおよぼした。現代の平和主義も原則としてはエラスムスの線に沿っているのである。

**モアの『ユートピア』**　モアがユートピア島（どこにもない場所の意）について述べたことはエラスムスに似ているけれど、エラスムスに依存せず独創的だ。ここでも正義があらゆる政治的徳のなかで最高の徳である。モアはにがい経験にもとづいて社会的正義を説いた。イギリス中世末期の封建制度は社会的不正義とおもわれた。かれの理性的知見は道義的理性でもある。モアにあって政治はマキアヴェリにおけるように闘争者的でなくて道義的なものにされねばならない。モアが教えようとするのは権力奪取や権力主張のための技術ではない。民衆の幸福を洞察すること、戦争をこの世からなくすること、個人間におけると同じように国家間や民族間の利害対立を調停することである。かれはエラスムスより一段と具体的に策を講じる。大陸から離れた島に理想国を想定し、そこでのさまざまな福祉政策を述べる。文学的空想のようだが、じつは歴史的現実に、つまりイギリスという島国に対応する。モアが『ユートピア』で述べたことは、なかんずくイギリスの外交政策について、イギリス人の考えの根底にある政治的倫理の原則である。この倫理はマキアヴェリと対立する。ユートピア島民にとって権力政治は少しも重要ではない。他人を支配しようとする野心はなく、権力政治でなくて福祉を目標とする。とはいえ、ユートピア島民は未開諸国を幸福にすることを使命とみなすにかかわらず、隣国民がユートピア人の信にそむくときは戦うことも辞さない。イギリス国民の道徳的使命感とか審判官的役割などになぞらえられているわけだ。リッターはこうしてマキアヴェリを近代大陸的権力国家の開拓者、モアをイギリス・島国的福祉国家のイデオローグとみな

トマス＝モア

し、二人の対立する政治観がまた、近代の政治的思考の二つの根本方向をしめすものとするのである（第二、三章）。

# 近代史における対立

第四章は、一六世紀から二〇世紀までに前述の対立がどのような歴史的影響をおよぼしたかを概観する。まずイギリス政治の道徳主義、その対外政策や島国的方法を再考し、啓蒙主義時代いらい、イギリスの人道理想が世界的作用をおよぼした次第を述べ、転じて大陸の政治理想にたいするマキアヴェリの影響を考察する。ここでリッターはドイツのルター派の政治的倫理学に注目する。前にわたくしは『ルター伝』でこの点にふれなかったから、補足しておこう。

## ルターの政治的倫理学

いったいドイツの領邦君主の政治は、数百年のあいだ、宗教改革の精神によって規定されており、マキアヴェリズム的国家理性とエラスムス的・島国的平和のイデオロギーとのあいだにきわめて特異な中間地位をしめた。ルター派の政治的倫理学はこうだ。ルターによれば、すべての人間行動は神の裁きのもとに立つ。不道徳な暴力使用を神聖化したり是認する根拠は存しない。しかし他方で人間の利己心はすこぶる大きいから、きびしい外部の強制なしには秩序をたもちえない。そのために神は世俗的政府に剣をあたえたまい、悪人を罰し善人を保護させようとした。この権力は、事情しだいで自己じしんとその国を他の権力者との争いで庇護するために干戈《かんか》を交えねばならぬ場合もある。だが根本にあるのは、政治的行動ではなくて倫理的心根だ。もちろんルターは、エラスムスやモアのようなキリスト教的平和主義者ではないけれども、断じて戦争や暴力の礼賛者ではない。正当防衛のための戦争以外のあらゆる戦争はサタンのわざだということは、ルターには、すべての中世の神学者にとってと同じように自明である。しかしこんなふうでは、ルターは権力闘争の本質を洞見しなかったとされても仕方がない。ただ、ドイツのプロテスタント君主国家が、こうしたルターの教えの精神で数百年のあいだ生きていたのは事実である。この国家は、すべての外的な権力追求よりも宗教的な救い、被治者の物質的福祉が優先しなければならないことを意識した、教育国家でありキリスト教的警察国家だった。最初の権力政治家プロイセンのフリートリヒ大王は、例外のように見える。権力使用を道徳的・宗教的に制限したルターの伝統は消滅したかにおもわれる。啓蒙主義的な人道主義的道徳主義がとってかわった。とはいえこの道徳主義は、デモーニッシュとよばれるべき個人的野心と争った。つまり、モラリスト的な考え方とマキアヴェリスト的な考え方とが争った。人道主義的な平和王という理想が（とりわけ若い皇太子のときには）十分に有効だったものの、即位後は権力のデモニーにとりつかれ、その結果、生涯耐え忍ばねばならなくなったのである。ほんとうは、フリートリヒには権力のデモニーをより高い倫理的目的にまで制御する国家理性がひそんでいた（これらについてリッターは『フリートリヒ大王』で詳論した）。

## フランスにおける転換

フランスが大陸の政治思考を転換させた。マキアヴェリズムはフランスにおいて最初の勝利をえた。宗教争乱（ユグノー戦争）の最中におこったサン=バルテルミーの虐殺は、権力のデモニーを全ヨーロッパにまざまざと見せつけた。それだけに、権力のデモニーを制御し、被治者の自由とか生活権を権力者の無法な恣意からまもるにはいかなる手段が見いだせるかが、近代フランスにとって根本問題となった。が、モナルコマキ（反専制君主主義者）もこれを十分に解決できず、ボーダン（一五三〇〜九六）がやっと解決を試みた。すなわち、君主はいかなる束縛からも自由である。法律の創造者であって奴隷ではない。しかしだからといって無責任に行動していい道理はない。たとえ法律の束縛から脱しても正義の束縛からは脱しない。ボーダンの国家は、マキアヴェリの国家のようにたんなる勢力結集ではなくて、原則として法治国家である。けだし法律は国家に起源するものではなくて神に起源するから。ボーダンはまた無制限な野心や無法な侵略政治を非難し、王にたいしては法の遵守を義務づける。問題の解決を神学的手段にかわって法的手段で試みるというだけでも功績だった。ついで君主政の賛美者ボシュエ（一六二七〜一七〇四）も、ルイ一四世（在位一六四三〜一七一五）にむかって、神の法にたいする支配者の束縛を訓戒した。ここに合理的な統一と有効性をもった国法がおこり、国家は秩序勢力として形成されたのである。

**フランス革命とナポレオン**　ルイ一四世がおこしたスペイン継承戦争が終わってから、戦争はいくらか減った。やがて啓蒙主義の時代がはじまる。理性、進歩、人道主義が旗幟《きし》にかかげられた。人間本性の根源的善にたいする信仰が、将来への期待をよびおこした。しかしいっさいの楽天的な希望はフランス大革命においてくずれた。革命中にダントン（一七五九～九四）、マラー（一七四三～九三）、ロベスピエール（一七五八～九四）たちが行った恐怖政治は、まさに権力のデモニーが血肉化した観を呈する。彼らのマキアヴェリズム的残酷の前では、アンシャン-レジームの専制によって体験したすべてのものが顔色なしだった。彼らが没落したあと、行動主義者の典型ナポレオンがあらわれる。ナポレオンにおいて闘争的ヴィルトゥにてらして大陸の国家世界で明らかとなったすべてが総括されている。しかしナポレオンもみずからの権力のデモニーに屈した。フランスに覇をとなえさせた国民的自由という理想を、露骨な利己的権力欲を隠すために乱用したことが、ついに国民の内部で抗議を、なかんずく被抑圧民族に反抗心をめざめさせたのである。

**マキアヴェリ再発見と第一次世界大戦**　リッターはここでふたたびドイツに目をむける。ドイツでは、啓蒙主義や合理主義にもかかわらずキリスト教的信心の伝統がなおつづいていた。プロテスタント的な臣下の従順もほとんどゆるがなかった。一八一三年から一四年にいたる解放戦争の経過においても、ドイツ国民意識はプロテスタント的信心とむすびついていた。なるほど国民意識の進展はマキアヴェリを再発見させた（フィヒテ、一七六二～一八一四）けれど、権力のほんとうのデモニーを解明するにいたらなかった。ヘーゲル（一七七〇～一八三一）、ランケ（一七九五～一八八六）、ドロイゼン（一八〇八～八四）とても同じだ。では権力の賛美者トライチュケ（一八三四～九六）はどうか。かれはマキアヴェリを賞賛しながら、なおかつマキアヴェリが中途でとまってしまったことを遺憾とする。しかしそう言うトライチュケも、人類理想にたいする信仰に固執していて、そのかぎりで権力の現実をみることができなかった。

二〇世紀にはいってイギリス＝島国的政治と大陸的＝ドイツ政治との対立が深刻となる。イギリスからみれば、ヴィルヘルム二世（在位一八八八～一九一八）治下におけるドイツ政治がやることなすこと覇権にたいする大仕掛な、長期にまたがる攻撃計画の一部とおもわれる。ドイツからみれば、イギリス外交のすべての努力は姦計とかんがえられる。結末は「島国的」と「大陸的」様式の対立がもたらした破滅であった。ヴェルサイユ会議および戦後の風潮は島国的イデオロギーの勝利だった。国際仲裁裁判と国際連盟組織にアングロサクソン的＝島国的原則を適用しようとした。できるだけ戦争を排除し、ある程度モアの『ユートピア』をこえて組織的に確保された「世界平和」というエラスムス的理想へ進もうとすらした。しかしそうした期待が「ユートピア的」ということが、あまりにも早く判明した。イタリアでムッソリーニ（一八八三～一九四五）がネオ－マキアヴェリズムをとなえて「ユートピア的」原理にたいする信仰を動揺させた。ムッソリーニをはるかに上まわる激烈な反平和主義が、ドイツにおいてヒトラーのもとで展開した。ここに大陸的イデオロギーの極端をゆく国家社会主義がおこる。

**ヒトラーのマキアヴェリズム**

国家社会主義においては、マキアヴェリのヴィルトゥ概念よりずっとたちが悪かった。闘争的態度、兵士的規律、英雄的精神が称賛されただけではない。人道主義、宥和、自己否定といった社会的な徳までも、すぎ去った市民的・自由主義時代の理想として一笑に付された。ヒトラーは全ドイツ生活を軍隊化して戦争を準備した。政治の領域では、もはやいかなる愛の倫理も通用せず、無遠慮な戦闘道徳のみがまかりとおる。政治行動を判断するためのあらゆる道徳的な尺度がなくなる。こうして権力のデモニーは完全な悪魔にひきあげられた。ヒトラーじしん、その風貌のデモーニッシュなものを隠そうとした。フリートリヒ大王の後裔と公言し、国家社会主義を「ポツダム精神の改新」と呼号した。だがかれにはフリートリヒ大王の特徴であるすべてが欠けていた。フリートリヒ大王は、権力追求と平和秩序、闘争的野心と福祉政治の両極性をつねに意識していた。きわめて冷静な、責任を痛感する国家理性によって、そうした両極性を克服しようと努めた。ヒトラーはそうではなかった。戦争責任が今度はまったく明白にドイツ側にあることを炯眼なひとは知り、どういう結末とならざるをえないかを予見した。リッターは嘆く。「著者は、一九三九年春にドイツ軍のプラハ占領の知らせをきいたときにおそわれた深い絶望をけっして忘れないであろう。さあ、悪魔はじっさい賭博に勝った！　いまやドイツ史の全意義が最終的に偽造されたのだ！」この殺人狂はなんらかの政治学、大陸的国家理性とは毫も関係がなかった。あげくの果てにナチスはニュルンベルクの国際軍事裁判で審理される羽目になった。ならば、トマス＝モアの『ユートピア』ですでに知ったあの「政治的道徳主義」の最後の勝利とよぶべきだろうか？　そうよぶのをためらう。なぜなら、この審理では刑事的なものと政治的なものとが、ほとんど見わけがたいほど入り交っていたからだ。

このようにヨーロッパの過去四世紀をふりかえると、いま転換点に立っていることをみとめるだろう。過去四世紀には、四つないし五つの強国が併存した。しかし今後は団結したアングロサクソン海上勢力とロシア大陸勢力によって世界は規定されるだろう。すなわち、「島国的」および「大陸的」政治方法や理想の対立は、新しい世界的な段階にはいるだろう。明らかなことは、いまや「闘争的権力結集」の原理は根本的に変わった意義を獲得し、「平和な永続的秩序」の原理を、過去におけるよりも第一の場所に移さねばならぬ、ということである。

## 対立克服の試案

最終章は対立の理論的克服の試案を提示する。マキアヴェリとエラスムス的、大陸的と島国的思考との永遠の対立から脱却させるような権力の理論をわれわれは必要とする。二者択一を克服することこそは、現代の史学、哲学、政治学にとっての緊急課題のひとつである。リッターはつぎのような解決策を講じる。闘争的な権力結集と平和な永続的秩序とは、歴史の現実では二者択一でなくて一緒のものだ。両者はあらゆる国家形成の本質必然的な要素である。にもかかわらず、それらはたがいに調和関係になくて対立関係にある。平和、法、秩序をもとめる者は、紛争を片づけたいとおもう。武力に訴えて権力をえようとする者は、多かれ少なかれ平和な法秩序を破壊する。まさにこのことが、政治は明白なものではなくて曖昧なものだという、政治の本質における不安をあたえる。権力は、ブルクハルト（一八一八～九七）がかんがえたように「悪」ではない。むしろ闘争者の独自な倫理がある。闘争的権力結集をかんがえるとき、政治の暗黒面しか論じられない。だが政治的なものを闘争的なものと同一視するのは、こんにち広く流布している偏見である。あらゆる権力所持者のなかでもっとも強大な国家には、倫理的要求が課せられている。国家の権力を、それ以上の増大のために用いるのではなしに、永続的秩序の建設と保証へ、個人・階級・民族・国家間の利害対立を調停すべき倫理的要求が。かように考察すれば、国家は闘争的な権力ではなくて、平和・秩序建設的な権力である。まったく闘争のない平和などは死んだ不動、不毛な硬直にならざるをえない。

昔からひとは政治的なものの二律背反を無害にしたり否定しようとした。国家理論の歴史はそうした回避の試みでいっぱいだ。あるひとは、国家をその本質上ひとつの法秩序と公言し、権力の闘争的なものを、法や秩序を破壊する作用をもつかぎり、堕落現象、専制的恣意もしくは無政府と公言する。これがトマス＝モアの場合である。他方には過激なマキアヴェリストがいる。彼らは闘争的なものしか承認しない。政治的なものを友―敵関係と同一視し、市民的道徳に異議をとなえる。にもかかわらず、国家には秩序建設的な使命が課せられていることは理解していた。

モアとマキアヴェリとのけわしい対立は、しかし政治家の具体的な行動のなかで克服されうるし、また克服されなければならない、とリッターはいう。「真の政治家は幻想なしにデモーニッシュな力の深淵を眺め、みずから闘争の強烈な情熱にとらえられながら、しかも破壊的な力には制限をつけ、人間的なものをデモーニッシュなものによって圧倒させず、情熱のあらしの真っ只中において、理性、法、道徳にしたがうためにあらん限りの力をつくすことができる」。闘争そのもののなかで、そこから生じるべき新しい永続的秩序をあらかじめかんがえる能力をもつ。つまり、老朽した法秩序をより良い新しい法秩序ととりかえる義務によって、闘争を倫理的に是認する。たんなる政治としてではなくて、倫理的理性の一片としての国家理性を確証するのである。

## 権力の二律背反

権力の二律背反の真に合理的な解釈はない。権力闘争の手段が法秩序の本質に抵触するのはあい変わらずだ。政治的存在の二律背反的機構を、権力闘争と平和秩序とを理論的に手段と目的との関係へおくことで手軽に克服することはできない。政治闘争は平和な社会的共同生活の規範にしたがって単純に規定はされない。けれどもじっさいに肝要なのはつぎのことだ。倫理的恣意が支配せずに、窮極の最高の国家使命としての秩序使命という意識が保持されていること、闘争が自己目的と見えずに健全な永続的な新秩序を回復すべき手段と見えること、権力をえようと戦う者が、主観的恣意において私の権力欲から争うのではなくて、真の天職のために争うことである。たしかに、最後の情熱までも傾ける闘争は、本質必然的に政治の一部ではある。だがそれは最後最高の価値ではない。危機時代においてのみ、そうなのである。社交性そのものを排除しないばあいにしか倫理的価値をもたない。

政治理論は「ユートピア的」考察と「マキアヴェリズム的」考察とのあいだを右往左往するのを常とする。権力のデモニーは、責任を自覚した政治家が自己の闘争的態度を道徳的につくろう術を知っているということによってではなくて、闘争の激情のさなかにおいても平和な永続的秩序の使命を忘れず、冷静な頭脳を保ち、情熱のかわりにほんとうの国家理性を支配させるということによってのみ、克服できる。政治家は自己の敵にたいして強情になることができなくてはならないけれど、最後には理性的に可能なばあいには、和解する用意がなくてはならない。そうした結合こそ、ほんとうの歴史的偉大の不可欠な前提である。ひとつのことだけは一般的にいえる。永久の、ほんとうに永続的な歴史的業績は二つの課題が真剣にとらえられる場合にのみ、いいかえると、創造的な闘争用意がある精力が健全な法‐秩序に奉仕し、この奉仕において闘争的要素を制限しようとするところにおいてのみ達成される、ということである。

### 冷静な洞察によって

結論はこうだ。かような歴史的洞察も危険ではある。というのは、国家にたいするあまりにも盲目的な信頼がわれわれドイツ人を極度の堕落の深淵にいたるまでひとつのデモニーを追っかけさせたのち、いまやその反動として、政治からの離反がせまっているからである。しかし政治はやまないであろうし、不信と不安をもって国民が政治に目をとじればとじるほど、デモニーは政治において仕事が楽になるからだ。歴史はこんにち、感激よりも覚醒を説くべきである。冷静な洞察によって幻想を粉砕しなければならない。そのことに脅かされて社会国家の形成にたいする努力をやめてはならない。人間の心をめぐって神とサタンとがつねに争っているということが、政治的権力闘争におけるほど明瞭に意識されるところはない。権力のデモーニッシュな顔は、人間の顔を仮面としかめっ面とに硬直させるゴルゴネスの顔そっくりだ。だがこのおそろしい光景もわれわれを麻痺させてはならない。われわれはそういう光景に、意気沮《そ》喪《そう》した、あるいはシニカルな諦念をもってではなくて、冷静な心、しかも熱い胸をもって対抗しなければならない。

### 若干の疑問

このような結論まで追ってきて、わたくしは二、三の疑義をかんじないわけにはゆかない。いったい、大戦争のあとに政治権力や闘争について痛切な反省とか批判がおこるのはとうぜんである。第一次大戦後にマイネッケがあらわした『近代史における国家理性の理念』(一九二四)や第二次大戦後の『ドイツの悲劇』(一九四六)は、恰好の例といってよいのではなかろうか。しかしマイネッケは、クラトス(権力)とエトス(倫理)との対立をついに克服しえず、将来の政治家に俟《ま》った。要請された政治家が人もあろうにヒトラーのごとき男だったことは、マイネッケばかりでなくドイツにとっても世界にとっても最大の災難であった。リッターにとっても「権力のデモニー」はたんなる学問研究の対象であったばかりではない。近代ヨーロッパ史にたいする反省、とりわけ第一次・第二次世界大戦のなまなましい体験が筆をとらせた。そのさい、マイネッケにおける「クラトスとエトスとの対立」よりも「権力闘争と法・平和秩序との対立」のほうが、いっそう具体的だった。その点で「百尺竿頭《かんとう》一歩を進める」ものとしても、けっしてほめすぎではあるまい。マイネッケにあってはヒューマニズム的世界像が、リッターにあってはルター的世界像が根本になっている相違はあるが。

わたくしはリッターの考えに反対はしない。なぜというのに、大政治家の高邁《こうまい》な識見、卓抜な手腕、なかんずく崇高な倫理的責任感が政治行動においていかに大切であるか、いくら強調してもしすぎることはない。「情熱のあらしの真っ只中において理性、法、道徳に従うためにあらんかぎりの力をつくす」政治家に、政治の二律背反を克服すべき使命を負わす気持ちは、よくわかるのである。が同時に、現代の国家政治の複雑な非人間的な機構や個人をこえる政治の力学が、しばしば政治家の善意をふみにじる事実も否定しがたいようにおもわれる。権力のデモニーはすぐれた政治家の努力しだいである程度は制御できるかもしれない。しかし個人の能力をもってしては克服不可能なばあいが多い。したがって政治家に過大な期待をもつことは、現実の政治を甘くみる誤りをおかしかねないのではなかろうか。

第二に、マキアヴェリの政治至上主義とモアの道徳至上主義との対比に着眼した歴史家はいないではなかった。しかし、リッターくらい両者の対比を鮮明に述べた歴史家はいない。マイネッケの『国家理性の理念』は、モアにはまったく言及していない。リッターは晩年特に『ユートピア』をドイツ訳したから、モアへの造詣は深い。本書においても付録として「ユートピアの解釈をめぐる論争のために」をつけ加えている。モアのほんとうの理解は、リッターの考えでは、文献学的な解釈の方法だけではえられない。モアは政治のデモニーを予想したものの理解しなかった。それはそれとして、論旨を明快にする必要から大陸的権力国家と島国的幸福国家、つまりマキアヴェリとモアを類型化しすぎたきらいがある。じっさいは両者のあいだに交錯関係があるのではないか。マキアヴェリはけっして現実主義一点張りでなくて理想主義者の面があり、モアは理想主義にこり固まらずに現実主義者の面がある。かりにもイギリスで大法官の地位までしめた人物ではないか。またリッターは、モアの道徳主義に立脚したイギリスを賞賛するけれど、イギリス＝島国的政治が賞賛に値するかどうかも、疑わしい。イギリス人ご自慢の自由だの正義だのが、どんな状況のもとでとなえられたか、調べれば答はすぐにでてくる。「世界の平和」は、ありていにいえば「イギリスの《パックスーブリタニカ》平和」という手前勝手なもの、自由とはイギリス人本位の自由のことである。そうした厳然たる事実をみないのは、片手落ちの感をまぬがれないのではあるまいか。

第三に、すでにみられたとおり、リッターは政治主義と道徳主義との対立をヨーロッパ近代にかぎって考察していた。しかしこのような考察はもはや現代の状況には当てはまらない。対立ははるかに広大な世界史の舞台（ヨーロッパはその一部にすぎなくなった）でおこり、過去数世紀における対立よりも規模が格段に大きく、そのおよぼす影響も比較にならない。つまり、古い対立にかわって新しい対立が世界史的規模でおこっている以上、対立の克服のためには新しい構想を立てる必要がある。イギリスの政治学者・歴史家Ｅ・Ｈ・カー（一八九二〜一九八二）は『危機の二十年』（井上茂訳、岩波書店）のなかで、「ユートピアニズム」と「リアリズム」との対立を軸に、一九一九年から三九年にいたる国際危機を緻密《ちみつ》に分析した。この対立はリッターにおける「政治主義」と「道徳主義」との対立と同一ではないけれども似たふしがあり、しかもカーは国際政治のとらえ方において一日の長がある。たとえば紛争の解決を国際機関にゆだねる、そうした着想はリッターには根づくには至っていない。カーが国際政治学教授となる前に外交官としてたびたび平和会議に列席した千軍万馬の経験があずかって力があろう。その点、リッターはなんといっても書斎の人だ。しかしカーがこの本を書いてから三十数年たち、世界政局は大変動をとげた。国際正義がこんにちこそ真剣に討議されなければならない。

だからといって、リッターの努力が徒労だったとわたくしはいうつもりはない。権力と倫理との関係を掘りさげた真摯な努力には胸をうたれる。努力は倦《う》むことなくつづけられる。のちにリッターは「ミリタリズム」の問題で権力のデモニーをあらためて考察する。

# III

# ヒトラーへの抵抗

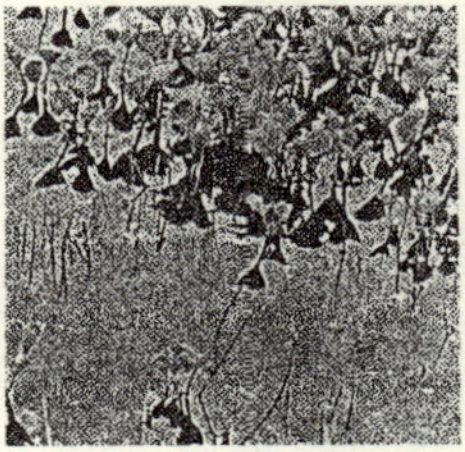

# ドイツの抵抗運動

**三つのグループ**　「レジスタンス」というのは、とくに第二次大戦中にフランスにおこった対ドイツ抵抗運動をさすが、ドイツ本国にも抵抗運動があった。三〇年ほど前にわたくしはハンス＝ロートフェルス（一八九一～一九七六）の『ヒトラーに対するドイツの抵抗』（一九四八）を抄訳したことがある（『ナチスへの反逆』一九六二、筑摩書房）。抵抗運動を概観した最初の本として評判がよかった。当時にくらべると、こんにちナチス抵抗運動の研究は長足の進歩をとげた。全貌とはいえないまでも、相当に細かなところまで事実が確認されている。これを総括すると、ヒトラー時代の初期には組織だった抵抗運動はほとんどなかった。ナチス体制に反対する者がいても、実際行動をおこさなかった。よしんば実際行動に出ても、万に一も成功の見込みはなかったのであろう。あまつさえ、反体制派は小人数のグループであって、大衆を動員するのに力不足だった。大衆は大衆でヒトラーを英雄視し、かれの赫赫《かくかく》たる外交的・軍事的勝利に酔いしれていた。じっさい、ヒトラーは一九三八年に国防軍を完全に掌握し、オーストリアを併合し、ミュンヘン協定に成功し、一九三九年にはソ連と不可侵条約をむすんだうえで九月にポーランドを攻撃して第二次世界大戦の火ぶたを切る。一九四〇年五月に西部戦線攻撃をはじめ、六月にパリに入城するというた早わざだった。まさに破竹の勢いである。大衆が喝采したのもむりはない。知識階級にも同調する者がいたが、大方は傍観者だった。

ところが、一九四一年六月に戦端をひらいた対ソ戦が、一九四三年一月にスターリングラード攻撃に失敗するどころか、ドイツ軍が降伏した。そのころから雲ゆきが怪しくなってくる。すると、抵抗運動が頭をもたげる。初期における抵抗運動は三つのグループにわけることができる。第一は保守派グループ、第二はクライザワ派、第三は軍人グループで、ほかにプロテスタントを中心とする教会闘争がある。第一の保守派グループは既成の政治家から成る。かつてライプチヒ市長で一九三三年から三六年までナチス政府のもとで物価統制局長官をつとめたカール＝フリートリヒ＝ゲルデラーが、指導者である。保守派の多くはヴァイマール共和政末期にすでに政・官界でしかるべき地位についていた。彼らはヒトラー政権下でも最初のうちはナチスによる再興に望みをかけた。ヴァイマール共和政に不信の念を抱き、ドイツが君主政にもどることを内心望んでいたからだ。ヒトラーがとなえた反民主主義とヴェルサイユ条約破棄に共鳴した。ナチスの暴力性に不安をおぼえながらも、全面的にナチスを

ヒトラー

否定するまでにゆかなかったのが保守派の態度であった。

第二のグループ、クライザワ派の名称は、シュレジエンのクライザワにあったモルトケ家の所領名に由来する。ヘルムート＝フォン＝モルトケ（一九〇七～四五）と意見を同じくする者が、時おりクライザワに集まってナチス体制を批判した。明確な綱領はなかったものの、保守派と同じように西欧流の議会民主主義に反感をもった。ただ、保守派と異なり、経済・社会問題にも関心をはらったシュレジエンの労働者で参加する者もいた。クライザワ派には保守派は反動的とさえ見えた。第三の軍人グループでは、国防軍にヒトラーの作戦計画に危惧を抱く将校が少なくなかった。参謀総長ルートヴィヒ＝ベックはその代表格だった。だからナチスに非協力的という理由でベックは一九三八年には解任された。ベックの後釜にすわったハールダーも、ヒトラーにたいする国防軍の謀反をひそかにくわだてた。

およそこのように一九四二年ごろまでドイツの抵抗運動は散発的で、反乱をおこしうる唯一の実力者である国防軍も、計画を実行にうつさなかった。しかしドイツ軍がソ連軍に敗北を喫すると、にわかに活気をおびてくる。第一のグループではゲルデラーが音頭をとる。第二のクライザワ派もゲルデラーやベックと横の連絡をはかる。民間ではミュンヘン大学の学生ハンス＝ショル（一九一八～四二）と妹ゾフィー＝ショル（一九二一～四三）の「白ばら事件」が有名である。知識人にナチスに反抗して決起するようにビラをまいた。つかまって絞首刑に処せられた。余談になるが、外信によると、ショル兄妹の「白ばら」五〇周年の追悼式が一九九三年二月一五日にミュンヘン大学で行われた。当時のヴァイツゼッカー大統領（一九二〇〜　）は式典で演説し、インテリ層がいまドイツでおこっている外国人排斥運動にたいして積極的に政治参加するように訴え、「傍観者は共同責任を負う」と語り、ショル兄妹の勇気を見習うよう呼びかけたということである。そうこうするうち、第三グループにぞくする国防軍将校フォン＝シュタウフェンベルク大佐（一九〇七〜四四）がとうとう行動にふみ切る。

**ヒトラー暗殺未遂事件**　一九四四年七月二〇日、シュタウフェンベルクは東プロイセンのヴォルフスシャンツェでヒトラーが作戦会議中なのを知り、会議室のテーブルの下に爆弾をしかけた。直前に用にかこつけて会議室を出、二〇〇メートル離れたところから午後四時一二分に爆発を見とどけた。暗殺は首尾よくいったとおもった。じじつ、会議室にいた二四名のうち、数名が即死、他の数名は重傷を負ったが、ヒトラーは奇蹟的に助かった。それでも左腕に擦過傷、尻を火傷し、衣服はズタズタにされた。ヒトラーは激怒して裏切者の根絶をわめく。いっぽう飛行機でベルリンにもどったシュタウフェンベルクはクーデターにとりかかったところ、張本人であることが発覚し、逮捕されて翌二一日に銃殺刑に処せられた（ヒトラー暗殺未遂事件については、小林正文『ヒトラー暗殺計画』中公新書にくわしい）。国防軍内の反ナチス派は芋づる式につかま

ヒトラー暗殺未遂事件

り、ベックは自殺をとげた。

### ドイツの教会闘争

リッターは第一グループ、とくに首謀者ゲルデラーと家族的な交際をむすぶほど親しかったけれど、第二、第三グループとの直接交渉はない。だが教会闘争とは緊密な関係をもったから、ややくわしく見よう。教会もヒトラーの反キリスト教主義に不安を抱いたけれど、一九三三年三月の国会において「教会をわが民族性を維持するためのもっとも重要な要素」と演説したため、ひとまず安堵した。が、舌の根も乾かぬうちに「授権法」を通過させて独裁権をにぎると、教会にたいしても統合《グライシャルトウング》政策を実施しようとした。一九三三年七月にはカトリック中央党を解散に追いこんだ。概していうと、ヒトラーはカトリック教徒は大目にみたふしがある。一九三三年七月にはヴァティカンと和親条約をむすんでいる。これに反してプロテスタントがナチスへの反抗に決然と立ちあがったきっかけは、「信仰運動ドイツ‐キリスト者」だ。ドイツ‐キリスト者は一人の帝国監督、一つの帝国教会に支配される。したがってプロテスタント教会も支配に服するべきだとする。教会を民族主義化（人種主義）、非ユダヤ化（聖書のなかのユダヤ的部分の排除）をはかる。こうした教会政策をプロテスタント教会は座視できず、牧師たちは反抗して「告白教会」という一派を形成した。ヒトラーの信任あつい ルートヴィヒ＝ミュラー（一八八三～一九四六）が帝国監督につくと、プロテスタント教会の連合であるドイツ福音主義教会同盟は独自の委員会をつくって対抗する。中心人物マルティン＝ニーメラー（一八九二～八四。一九三七年に検挙され強制収容所に送られた）は「牧師緊急同盟」を結成し、六〇〇〇名からの加盟者をえた（森平太『服従と抵抗への道』新教出版社、富田光雄編『ドイツ教会闘争の研究』創文社にくわしい）。さすがにミュラーも官公吏からユダヤ人を排除する「アーリア条項」の実施をとりやめねばならなくなった。手ぬるしとみたヒトラーは、いよいよ教会に圧力をかける。

一九三四年五月にバルメン‐ゲマルケに全ドイツ州教会の代表が集まって「ドイツ福音主義教会の第一回告白会議」をひらき、ナチスの干渉に抗議した。この時の宣言を「バルメン宣言」と称する。さらに一〇月にベルリン‐ダーレムにおいて第二回告白教会会議がひらかれ、「教会固有の事柄、教会の教説や秩序に関する事柄においては、教会のみによって判断し決定する権利」を確保するために委員会を組織し、「ドイツ‐キリスト者」に対抗した。告白教会はさまざまな報復をこうむりな

ボンヘッファー

がらも教会をまもった。告白教会派のもっとも果敢な闘士があのボンヘッファーだ。その結果、七一五名からの牧師が投獄される憂き目にあう。教会闘争はナチスが崩壊するまでねばり強くつづけられた。ロートフェルスは「ヒトラーにたいする反抗のなかで教会闘争は目に見える成果をあげた唯一の事件」と高く評価している。

**「教会のみが民族運動のように活動した」**　リッターは教会闘争をどう観じたか。『ゲルデラー』第七章「教会の反抗」でこう述べる。

「醇乎《じゅんこ》たる信仰確信のまったく別な（共産主義者の地下運動などとは別な）深所から、ヒトラー帝国にたいする反抗はおこった。彼らの反抗が世俗的動機のあらゆる混交から隔たっていたからこそ、まったく根本的な性格をもっていたからこそ、反抗への決意がつらぬかれねばならなかった。だが決意が正真正銘の信仰の苦しみから見いだされたところでは、反抗はまた公然とあらわれた。この公然たる告白が民族のなかで広い共鳴をえたこと、しかも農民や労働者から知識層に至るまでのあらゆる階層でえたことは、注目するに足りる。そのことは多くの同時代人にとってきわめて驚くべきことだった。しかしそれはやはりたいそうドイツ的であった。じじつ、教会のみがヒトラー時代においてナチスにたいする現実の民族運動のように活動したのである。著者（リッター）のように、福音主義教会の「告白教会」に一九三四～三六年に関与した者は、これらの日々の深い印象を二度と忘れはしないだろう。とりわけブレーメンの教会会議（一九三四年五月二九～三一日）を。すなわち、新支配の空疎な思想にたいして、いかなる危険を犯しても大っぴらに証言する参集者の明白な、欣然たる決意を。」

教会の反抗が成功したのはどう説明がつくか。リッターによれば、教会は政治的反抗グループにたいして独自なフォーラムをもっていた。ナチスがそこへ闖入《ちんにゅう》することははばかったし、全面的に閉鎖するだけの勇気はなかった。福音主義牧師も、彼らの反抗をもともと純粋に宗教問題の擁護に限っていた、と。それからリッターはニーメラーやボンヘッファーの闘争を縷述《るじゅつ》する。カトリック教会も教会闘争の政治化を憂慮していたけれど、プロテスタントほどには原則的性質のものでなかったことをリッターは注意する。この章はこうむすばれる。「独裁者がついに司教の誰にたいしてでも手をかけようとせず、戦争の終末まで復讐を延ばさねばならなかったという事実ほど、ドイツにおける教会の反抗の人気を証明するものはない……逮捕や強制収容所でいっしょに体験した者は、キリスト教信仰の魂の力がいかに光芒をはなつことができるものか――憎悪と懐疑のとっくに神を失ってしまった世界までも――そう安安と忘れることはできない。信仰告白上の対立はしかし、両教会（プロテスタントとカトリック）の信仰闘争共同体の新しい体験の背後に退いてしまった。」

ついでにいえば、ナチスのユダヤ人対策をリッターはどうかんがえていたか。後出の『覚え書』

付録第五において、リッターは「ドイツにおけるユダヤ人問題の解決のための提案」を行っている。あの「水晶の夜」どころの騒ぎではない。ヒトラーは一九三九年一月にはユダヤ人絶滅を予言し、実行した。その数六〇〇万人ともいわれるユダヤ人の大量虐殺は、ヒトラーが行った最大の反人道的犯罪だった。当時、そうしたことは公然の秘密だったであろう。リッターがユダヤ人問題に関して、㈠およそ人間に可能なかぎり、一切の行われた不正の償いをし、埋め合わせをしなければならない。㈡ユダヤ人にたいして適切公正な生活条件が確保されなければならない、とした。注意していただきたい。これは戦後の提言ではない。たとえナチスが崩壊にひんしていたとはいえ、ユダヤ人にたいする迫害と殺戮《さつりく》の手はゆるめなかった。そういう時にこのような提言をしたリッターの良心、勇気、先見の明にだれしも感動せざるをえない。

# 不滅のゲルデラー伝

**「いちばん骨の折れた」著作**　リッターはヒトラーが政権を掌握する以前から、かれのうさん臭さ、いな危険を家族や知人あての書信でうち明けている。いちいち例をあげる暇がないが、たとえば一九三二年一二月二六日付で両親へ当時の政情不安を嘆じ、「ヒトラーのやつ」とののしっている。「私の希望は大きくない。政治家でなくてアジテーターのことをもっぱら聞いているから」（一九三三年三月一八日、母へ）。一九三八年一一月のあの「水晶の夜」におけるユダヤ人のポグロム（迫害）からショックをうけ、「去る二週間にわれわれが体験したことは、もっとも恥ずべきこと、もっとも恐ろしいことだ。手紙ではお話しできないが、多くの結果のひとつは一般的な羞恥と憤激という結果だ」（一九三八年九月一〇日、オットー＝シェルあて）。遅くとも一九三七年半ば以後に戦争がおこることを予見した。もし第二次世界戦争が勃発すれば、じぶんの態度はこうだ、とヘルマン＝オンケンあてに書いている（一九三九年一〇月五日）。「困難はひどい。ひとが自分の民族で〈亡命者〉と感じるなんて、とうてい信じられない。かつてないほど人間相互の孤独は大きい。恐ろしいことだ」。しかしリッターは、じぶんが抵抗運動の渦中に投じられようとは、おもっていなかったかもしれない。

抵抗運動とのかかわりはゲルデラーとの関係が因をなした。『カール＝ゲルデラーとドイツの抵抗運動』（一九五四）はその一部始終を記したものにほかならない。ドイツで広く読まれたことはもちろん、イギリス訳、フランス訳、イタリア訳がでて、ナチス抵抗運動史では必須の文献となっている。ヒトラーの暗殺未遂事件から四〇年目に当たる一九八四年に、テオドール＝エッシェンブルクの序文を付して新版が刊行された。こんにちでも世評が高い証左であろう。執筆の動機は、ゲルデラーの遺族、処刑された運動家の家族や運動の生きのこりから依頼された（一九四七）ためだが、「生涯の著作のなかでいちばん骨が折れた」というように彫心鏤骨《ちょうしんるこつ》の作だ。そのために『国政術』の著述を一時中断しなければならなかったほどである。伝記はもともとリッターの十八番である。しかし、ルター、シュタイン、フリートリヒ大王の伝記とちがい、ゲルデラー伝はまさに現代ドイツ史の一断面を記すことである。しかも抵抗運動の叙述者であるにとどまらず、それにみずから関与した。思い出はなまなましく恐ろしかったにちがいない。学問的厳正と公平を失うことなきを期しながら、やはり弔合戦の気持ちを抑えることができなかっただろう。

**反抗の核心として**
**のゲルデラー**

リッターは序文でこう書いている。「ドイツ抵抗運動の歴史は、政治問題であると同じように歴史問題である。その考察は、われわれドイツ人がこれまでの歴史のあらゆる破滅中もっとも恐るべき破滅によってよびおこされた、あの政治的自覚の一半をなす。われわれがこんにちヒトラー帝国の廃墟のうえで新たな政治的民族共同体をつくろうと努めるとき、かかる共同体が二度と残虐な国民的エゴイズム、つまり無制限な赤裸裸な権力利害の共同体とならずに、倫理的共同体の性格をえるということに、すべてはかかっている。この倫理的共同体は、内部においては人間の人格の尊厳と自由権とにたいする尊重のうえにたてられ、外国民との交際においては他国民の生活権をも尊敬することができる。このような洞察から、ドイツ抵抗運動の歴史的考察も出発しなければならないであろう……たしかに、途方もない破滅の直後に、外国の憎悪＝復讐感情たっぷりな世論にたいして、全ドイツ民族がそうした憎悪をうける筋合いはないという証明で対抗することが緊急事だとおもわれた時代があった。ハンス＝ロートフェルスやエーベルト＝ツェラーの周知の書はこの証明を迫力をもって行い、しだいに外国においても感動をあたえはじめている。だがこんにちは、なかんずく政治的理念やその背後にある倫理的・宗教的確信を明らかにするほうがいっそう重要だとおもわれる。ドイツ抵抗運動の反抗は、そうした確

ゲルデラー　反乱事件の失敗後，1944年9月に特別の戦時裁判所で裁かれている。

信をもっていたのである。この抵抗運動は、みたされぬ名誉心の事柄ではなくて、わが民族を滅亡――倫理的・精神的滅亡と政治的滅亡の深淵から救おうとする純粋な愛国心の事柄だった。ドイツ抵抗運動の歴史がかように解されるなら、カール＝ゲルデラーの人物がおのずと考察の中心になる。なぜなら、反抗の核心としての道徳的憤激、すなわち新しい真の倫理的原則によってになわれた民族共同体をつくろうとする情熱的な意志、ついには新しい、相互尊敬によってになわれた諸民族の共同体をつくろうとする情熱的な意志が、すべての政治行動のライトモティーフとして特にはっきりみとめられるからである。」

「ゲルデラーにおいて、カント、フンボルトおよびシュタインからダールマン、ドロイゼン、聖パウロ教会のほかのひとびとに至るまでのドイツ理想主義の古典時代に形づくられた、あのドイツ自由主義の精神的遺産が潑剌《はつらつ》と存続している。カール＝ゲルデラーは、久しいあいだ、他のいかなるひとにもまして暴君政治にたいする謀叛の中心に立っていた。それゆえにゲルデラーの伝記から運動の全体が概観できるし、他方でかれの伝記はかような全体の光景のなかでのみ歴史的意義をもつ。かれの共同闘士とたえず比較することにおいてのみ、ゲルデラーの活動を評価する正しい標尺がえられる。伝記というものはすべて、主人公の個人的業績や意義を買いかぶりやすい。とはいえ著者は、こうした危険ははじめから百も承知していたばかりでなく、伝記を自己目的とみなさず、たんに最近の過去の超個人的現象を理解するための補助手段とみなすことによって、そうした危険から身をまもったと信じる。ドイツ抵抗運動の歴史は従来主としてその批判、告訴者、否定者にたいする弁明の防御として書かれてきた。そのさい、英雄の画廊といった様式をもつこともまれでなかった。本書でこころみるのは別である。批判的な冷静な考察によって歴史の現実を把握し、かくして深い自覚に達しようとする。そのためにはドイツ抵抗運動を国際政治の背景において描くことがどうしても必要だった。ドイツ抵抗運動がこんにちすでに史料のうえでとらえられる限り。同時に、その自由理想と改革案の発展がヴァイマール共和政までさかのぼらねばならなかった。そして最後に、その発展とその担い手の政治的態度を、ヒトラー帝国の内外の歴史の連関から把握することが肝要であった。」

**大著ゲルデラー伝の構成**

なにぶん六五〇ページの大著であって、こまかく紹介できないから章題だけ記す。第一部では政治家ゲルデラーの生成が考察される。青年時代と成年時代（第一章）、ケーニヒスベルク市助役を経て、一九三〇年にライプチヒ市長にえらばれる地方自治体の首長としての業績（第二章）、ヒンデルブルク大統領に経済的識見を買われて物価監視官に任命される経緯（第三章）、ヒトラー帝国の最初の数年間における動静（第四章）。ゲルデラーとヒトラー帝国との関係は微妙だ。「たいていの他のドイツ人と同じように、カール＝ゲルデラーはナチス運動のデモニーを最初から理解しなかった。かれの保守的な、まったく市民的な性情にナチス運動の騒騒しい本質は反していたし、かれの峻厳な法感覚にはナチス運動の暴力的な行動はそぐわなかった。かれの真理感覚にナチス運動の傍若無人の宣伝は反していた」。一九三三年秋にヒトラーがゲルデラーに入党をもとめたとき、これを拒否した。とはいうものの、政治的批判ではゲルデラーとナチスとに共通点があった。とりわけヴェルサイユ平和条約とその経済的結果や、東部国境問題やヴァイマール体制の欠点などに関しては。リッターはゲルデラーの一九三七年のことばを引いている。「ナチス党は生活・労働仲間の高い理想を国民生活の基礎にする可能性を有した。ドイツ諸国家を内部で一体化する可能性を有した。ナチス党はドイツの外政上の生活権を確保することができた」。してみれば、ヒトラー帝国の最初の数年間は、ゲルデラーはナチス-ヒトラーに極度の悪感情を抱いていたわけではなかった。むしろ物価監視官という職務にはげんでいた。リッターはこの章でこうした関係を子細に述べている。しかし一九三七年にゲルデラーはライプチヒ市長をやめ、だんだん反ヒトラーに態度を変え、第一グループの領袖となってゆく。

第二部「ドイツの抵抗グループ」第五章「ナチスの発展にたいする歴史的前提」は、ゲルデラーの生涯史を、一九三七年以来、ナチス抵抗運動のより広い連関へはめ込む。というのは、「ヒトラー専制にたいするドイツの抵抗運動は何時から存在したのか？　いかに、どういう起源から形成されたのか？　独裁へのナチスの発展にたいする歴史的前提を一瞥せずには、これらの問いに答えることはできない」からである。「こうした考察の核心は、ナチスの発展を本質的に特殊ドイツ的な根源からみちびき出さねばならないか（とりわけ外国のナチス批判家の多くは、一九四五年の破滅以来そうし勝ちだった）、それとも一般ヨーロッパの生活現象からみちびき出さねばならないのかどうか、ということである。第二の解釈のやり方は、ヒトラー主義をドイツの本質の一種の過度な増大とみなすとき、われわれの国民的伝統へのたんなる対立とみなすとき、最後にはドイツのただのエピソードとみなすとき、誇張される。ナチスはほんとうのドイツの伝統の悪魔的な歪曲だという確信があったところでは何処にでも、原則的な抵抗があったことは疑いをいれない。いったいこのような確信は正しかったのか？」リッターはこうした問いにたいして、いわゆる民族心理学に答えることを不可とする。「ロマンティックに要求し征服欲のある」ドイツ人を「合理的な、平和愛好的な」フランス人に対照させるとか、ドイツ人のいわゆる奴隷根性をイギリス人の自由愛に対照させ、それによって特定の歴史的現象を説明しようとするのは全然無意味だとして、ナチス勃興の歴史的前提を解明する。ついで抵抗運動の核心にせまる。第六章「社会主義的反抗」、第七章「教会の反抗」、第八章「市民の反抗」、第九章「軍人の態度」の諸章で。

第三部「陰謀」は七章から成る。すなわち、第一〇章「一九三七―一九三八年のゲルデラーの外国旅行　チェコの危機」、第一一章「ミュンヘン協定からポーランド戦まで（一九三八―一九三九）」、第一二章「世界戦争をひきおこさせないための最後の試み（一九三九―一九四〇冬）」、第一三章「勝利の陶酔に抗して　ドイツの将来計画」、第一四章「ヨーロッパの平和・将来計画」、第一五章

「転覆の試み（一九四二―一九四四）」というふうに、抵抗運動の進展を国内・国際情勢と関連づけながら考察する。巻末付録として、ゲルデラー関係資料一二篇を加えている。ヘルツフェルトが評したように（「ナチスおよび抵抗運動の歴史のためのリッターの二著書」HZ、一九五六）、ナチス抵抗運動をあまりにも倫理的にとらえた感はあるにしろ、ナチス抵抗運動の本格的研究として群書のうえに屹立《きつりつ》するのはまちがいない。そしてこのばあいにも、学問的研究と自己の体験とが渾然《こんぜん》一体をなす。

## 良心の純粋な蜂起

たとえば、リッターがゲルデラーと最後に対面した折の回想を感動なしに読むことはできないであろう。「そのとき、私はかれの傷つけられぬ精神力におどろいたけれど、同時にやはり相貌におどろいた。私の前には、にわかに年老いた男が立っていた。手足を鎖でしばられ、捕われたときのまんまのすり切れた、カラーもつけない薄い夏服をきて。顔はやせこけ、奇妙に変わっていた。私にもっとも強いショックをあたえたのは、まなざしであった。かつてはあんなに輝いた淡灰色の目が私にいとも強い印象をあたえたのに。いまはすっかり光を失い、さながら盲者の目のようだった。精神の力は昔のとおりだったけれど、もう魂の力はなかった。私の前に立っていたのは、ひとりの死者のように哀れな男だった。私じしんはゲルデラーを最後に見て、しかももう一度この高潔の士の手をにぎりしめ、〈永遠にさようなら！〉ということ

ができなかった瞬間を深い苦痛なしには思いださないであろう」。まさに声涙ともに下る感がする
ではないか。ヒトラー亡きあと、新政府の首班と目されていたゲルデラーは、一九四四年八月一二
日に逮捕され、九月八日に死刑の判決をうけ、一九四五年二月二日に処刑された。ベルリン陥落の
たった三か月前である。

結語を写そう。「抵抗運動の歴史は挫折した企ての歴史である。抵抗運動が失敗に帰したのは、
結局つぎの理由によった。外部からも内部からも、いかなる政治的な勢力も助けてくれなかったこ
とである。抵抗運動はあくまで良心の純粋な蜂起であった。革命的な衝撃力をもった政治的民族を
彼らの目標のために組織することは、全体主義的強制支配体制のもとでは不可能だとわかった。そ
して外国の政府からは、あらゆる努力にもかかわらず、将来にたいする約束などはえられなかった。
カール＝ゲルデラーによってもっとも純粋かつもっとも包括的に代表されたこれらの運動の政治的
理想は、爾来、健全で将来性にとんだものだということがわかった――ドイツにとってもヨーロッ
パにとっても。もし戦争が最後まで戦いぬかれる暁には、ドイツの全面崩壊につづくべきヨーロッ
パの破滅というヴィジョンは、ゲルデラーが予見したとおりにひとつひとつ立証された。しかし、
大昔の歴史的経験も立証された。すなわち、政治的現実を規定する永遠の利害闘争の世界において
は、政治的理想は、非常に強い、すべてのひとに明白な政治の利害が助けない限りは無力だという
歴史的経験が証明された。ドイツ民族の大多数は、アドルフ＝ヒトラーの権力政治が政治的栄光の

高みへではなくて奈落の底へみちびくことを、この奈落の底が近くなったときにはじめて理解した。ゲルデラーが外国政治家の政治的理性と見とおしに期待をかけたとき、ここでも失望せねばならなかった。だがこうしたことはわれわれに憂鬱な諦めを強いるだろうか？　われわれはゲルデラーとかれの政治上の友人たちをユートピアンと拒否せざるをえないか？　善と悪とのたえざる争いとしての世界史が、サタンとともに神として現前するようなひと、そういうひとは、善事のためのひとりの闘士を断念することはできない。ほんとうの理想家を断念することは金輪際できない。失敗は人間の宿命である。成功はいかなる人間にも保証されていない。だが、いかなる危険があろうとも善事のために戦われること、世故にたけた人間にはまるきり見込みなしとおもわれるような状況においても、義務意識の大胆な〈それにもかかわらず〉からそうすること――窮極において一切はこの一事にかかっている。われわれはまた、ドイツ抵抗運動のひとびとを聖人とか英雄あつかいしないようにしなければならない。彼らとて、不十分な洞察力と意志しかない人間であった。にもかかわらず、わが民族に良心のこうした蜂起が存したことははげましである。ヨーロッパの近代史において、こうした種類の第二の例が存するであろうか？」

リッターはナチス抵抗運動の生き証人である。そしてナチス抵抗運動が語られるかぎり、本書が忘れ去られることはあるまい。

# フライブルク-クライスと『覚え書』

**フライブルク協議会の成立**　リッターの逮捕はゲルデラーとの関係によるが、「フライブルク協議会」に参画したからでもある。「フライブルク協議会」(そのメンバーを「フライブルク-クライス」という)の存在や意義、リッターがまとめた『覚え書』は、これまでわが国にほとんどまったく紹介されなかった。『リッター書簡集』の付録(六二九〜七七四ページ)ではじめて知った貴重な資料である。編集者ラインハルト＝ハウによると、衝撃的な「水晶の夜」がきっかけとなって、フライブルク大学の国民経済学者アドルフ＝ランペが同志によびかけた。グループは、神の掟を傷つけるような国家指導にたいし、キリスト者が今後とるべき態度を明らかにすることを討議課題とした。ランペは同僚のコンスタンティン＝フォン＝ディーツェ(一九三三年末「告白教会」で活躍した)という勇敢な同志をえた。同じように一九三三年末告白教会にぞくし、とくに宗教改革史研究で名をはせたリッターが、同僚の熱意にこたえ、自己の学問的能力を役だたせようとした。一九三八年末からはじまった会合は「フライブルク協議会」と称され、主にリッターが執筆し、ランペとディーツェが共同責任をとって、「教会とこの世。現代におけるキリスト者および教会の使命に関する必要な省察」をまとめた。とうぜんキリスト教的色彩がこい。

フライブルク―クライスはテーマをつぎつぎに変えつつ、一九四四年九月まで月に一回の割合で討議をつづけた。一九四二年夏にディーツェがベルリンに行ったときにボンヘッファーから意見をもとめられ、プロジェクトへ誘った。分担としては、ランペのほかに国民経済学者ヴァルター゠オイケンなどが加わって経済問題をとりあげ、ベルリンの企業家ヴァルター゠バウアー（一九〇一～六八）も参与した。内政・外政・歴史・神学問題にはリッター、人権問題にはフランクフルト大学の法律学者フランツ゠ベーム（一八九五～一九七七）、告白教会にぞくするユストゥス゠ペレルス（一九一〇～四五）が宗教・政治問題に当たった。一九四二年一一月一七日にゲルデラーがディーツェ家に招かれ、この時からリッター家とも親しく交わるようになった。ところが一九四四年七月二〇日のヒトラー暗殺未遂事件後、ディーツェ、ランペ、ペレルス、リッターが相ついで逮捕され尋問をうけた。リッターが強制収容所に収監されたことは前言した。戦争が終結して間もなく、リッターはリッター家に隠匿していた原稿に手をいれ、序言をそえた。これが『書簡集』で公刊された『覚え書』にほかならない。

## 『覚え書』の構成

しかし『書簡集』に収められた『覚え書』は二篇にすぎない。㈠「教会とこの世（一九三八年秋）現代におけるキリスト者と教会との使命に関する必然の省察」と㈡「政治的共同体秩序（一九四三年一月）　現代の政治的苦難におけるキリスト教的良心の自省への試み」である。㈠は告白教会にぞくするリッターが、現下における教会の使命を考察したもの、㈡は戦後処理についてリッターが蘊蓄《うんちく》を傾けたものだ。両方とも長文であって紹介しきれない。以下に目次をしめすだけで満足しよう。

㈠緒言。第一章「世俗政府へのキリスト者の従属とその限界」。(1)聖書の研究。(2)歴史的考察。結論。第二章「民族共同体における神の掟の公然たる無視と侵犯に面してキリスト教の説教にはいかなる使命が生じるか？(1)聖書の研究。人間の罪とこの世におけるキリスト教徒の位置に面した説教師の使命。(2)現代にたいする実際的結論。教会の側からじっさいに何がおこるべきか？

「緒言」は『マタイ伝』の引用ではじまる。「汝らは地の塩なり、……汝らは世の光なり。山の上にある町は隠るることなし。また人は燈火をともして升《ます》の下におかず、燈台の上におく。かくて燈火は家にある凡ての物を照らすなり。かくのごとく汝らの光を人の前にかがやかせ。これ人の汝らが善き行為《おこない》を見て、天にいます汝らの父を崇《あが》めん為なり」（五、一三―一六）。わが主《しゅ》のこの命令はキリスト者に、この世における使命をしめす。キリスト者はその胸のなかに燃える上からの光を、升の下におかず、光がまわりの闇の只中で明るくなるように照らさせる。教会は世のために、キリスト者各自はその召命を主のために実証しなければならない。「地の塩」としてキリストの従者はこの世にはたらきかけねばならない。ほんとうの信仰が生きているところでは、各自には、信仰はおのずと行為となる。この務めをじっさいに果たすことにたいしては、なんら完全な勤めの指示はないのであって、啓示の書とか一六世紀の宗教改革者の書とかに読みとれるだけである。あらゆる特別な生活状態、またあらゆる特別な歴史的状況は、われわれから神のことばを新たに問い聞くことを要求する。私はここでキリスト者として具体的に行為しなければならぬ。新しい省察を要求する。こんにちもっとも緊急な問題は、政治や国家や民族共同体のこの世におけるキリスト者の使命を問うことである。告白教会は偉大な教会闘争の年月においてかような省察に多大の貢献を果たした。告白教会は、なかんずく、福音を現世の救済の教えとのあらゆる混合からはっきりと区別した。告白教会は、教会における国家的支配と宗教的支配との限界を、宗教改革者の理解にしたがって新たにきめようとした。最後に、教会の制度と自治の新しい形式を探求しはじめた。しかし告白教会は、国家へのその実際的要求を僅かしか達成しなかった。……無数の、実際的態度の問題に答えるために、ここでひとつの試みがなされる。政治生活の決議論的倫理のごときものは福音主義の説教の事柄ではない。福音主義の説教がなしうること、それ以上してはならないことは、教会のメンバーの目を福音主義の真理認識の高所からこの世の国家や政治的民族共同体の世界に開くことである。神の啓示の光のなかでは、この世はわれわれの目にいかにあらわれるか？　この世をこの光のなかで見る者は、あらゆる具体的な個個の場合においても、倫理的決断にたいして理性と良心とを確かめなければならないであろう。ここにキリスト教の「俗人」の使命がはじまる。以下の考察は神のことばの確固とした地盤に立って行われ、まず一般的にこう問う。新約聖書は世俗的政府へのキリスト者の従属の義務について、またその限界について何をわれわれに教えるか（第一章の㈠）。それから歴史的考察を行う（第一章の㈡）。つまり、使徒時代からルターやカルヴァンの宗教改革に至るまでのキリスト教会が、新約聖書における従順の命令とそれの限界をいかに理解したかを跡づけるのである。

**現世の主権とキリスト教の教えの関係**　結論はこうだ。この世の神に反する精神からの分離は、国家共同体への従順な順応というキリスト者の義務と緊密な関係をもつ。だがそのとき、民族共同体における神の命令の大っぴらな無視や毀損《きそん》に直面して、キリスト教の説教にはいかなる使命が生じるか？　第二部が答えようとするこの問いは、結局のところ、歴史上の範例にもとづいて、歴史哲学的あるいは人間的・実際的考慮から決定されてはならない。そうではなくて、明らかな神のことばの指示にのみしたがわねばならない。他方でわれわれは歴史的省察を必要とする——似たりよったりの局面でわれわれがそれにしたがって進むことができる歴史上の範例をもとめるためではなくて、その逆である。つまり、われわれの昨今の局面の特殊性をできるだけ明白にいきいきと思いえがくことである。こうして第二主要部においても聖書の研究と歴史的考察とが織りまじっている。それらは最後の部分で現代にたいする実際的結論へみちびく。ただ、二の㈡はあまり読者の興味をひかないだろうから、割愛することを諒とされたい。第一の『覚え書』においてルター派プロテスタント、リッターの面目が躍如としている。思えば現世の主権とキリスト教の教えとの関係はマルティン＝ルターが苦汁をなめた問題だったのである。

## 第二の『覚え書』

第一の『覚え書』は、聖書研究にもとづいて現世の政府にたいしてキリスト者はいかに従属するかを省察した。だがリッターのほんとうの意図がじつはナチス体制にたいする抵抗、ヒトラーが強制しようとした教会の一元化にたいする抵抗だったことを看過してはならない。これにたいして第二の『覚え書』はヒトラー亡きあとの処理を射程にいれているから、ナチス体制批判はもっと直截であり、したがって、いっそう重要である。第一の『覚え書』にまさる長文なため、目次と序言しか紹介できないのは残念である。

ゲルハルト＝リッター　序文（一九四五年）

緒　言
第一主要部　現代の政治的カオスとその原因
第二主要部　キリスト教の理解による、政治的共同体秩序の特徴
　第一章　一般的特徴
第二章　実際的結論

A　内政　㈠一般的国家-法秩序　㈡教会政策　㈢青年の育成　㈣社会政策　㈤経済政策
B　外政　㈠将来の平和の形成　㈡民族の政治的教育
付録　㈠法秩序　㈡教会政策　㈢教育　㈣経済-社会秩序　㈤ユダヤ人問題

まず「序文」のあらましはこうだ。「以下の覚え書は多年にわたる共同研究の総まとめである。一九三八年秋の政治的事件と衝撃的な印象のもとで、フライブルクにおいてキリスト教を信じる大学教授や告白教会の神学者の仲間が集まった。現下の国家指導を黙認することがキリスト教的良心にとってもっと耐えられるかどうか、民族の犯罪的な邪道に反抗することがキリスト者の義務ではないかどうか、という問題を研究した。しかしナチスのもとで、公然たる抗議にはいかなる可能性が存したか？　その他にも多くの難問があった。恐ろしいディレンマだ！　個個人を優勢な暴力のデモニーに対置する恐ろしい運命だ！　われわれがこのような局面を認識することが明らかであればあるほど、難問が生じた。こうしてわれわれの会話は、日日の決断をこえて、キリスト教的生活形成一般という大問題の原則的省察へひろがっていった。これらの大問題は、規則正しく毎月の会議で討議され、報告によって個個の点が闡明《せんめい》され、多面的に考究された。カトリックの神学者や学者もたびたび意見を徴された。われわれの共同研究の第一結果として、覚え書『教会とこの世』が生じた。それはなかんずく政府にたいする抵抗権の問題を論じている。」

「一九四二年晩夏にわれわれの仕事は新しい衝撃をうけた。ベルリンの牧師ディートリヒ＝ボンヘッファーが告白教会の委託でわれわれのところへ知らせをもってきた。ベルリンではわれわれの研究結果を高く評価している、というのである。しかし覚え書がゲシュタポの手にはいると、全参加者の逮捕と刑宣告がとうぜん予期された。ゲルデラーがまず最初につかまった。ディーツェとランペは一九四四年九月につかまった。」「歴史的陳述において、われわれは多くのことを別なふうに把握することができるだろうし、読者はわれわれの政治的要求の多くを、こんにちすべてのドイツの将来の前にある途方もない暗さに面してユートピアめいたあこがれの夢と感じるかもしれない。政治的論究というものが時間的なものに拘束され、それゆえに無常なものであることは、すべての政治的論究の運命だ。にもかかわらず、一九四二—四三年のテキストを後日変更しようと決心することはできなかった。それらは、ヒトラー帝国の崩壊以前にすでに、彼らのドイツおよびヨーロッパの理想像をキリスト教の啓示信仰、すなわちキリスト教的倫理の確固とした基盤のうえに立てようと努めたドイツ人のグループが存在したことを証明するだろう。ナチスの暴力支配にたいする不満、その永続にたいする疑いは、ドイツの教養世界では、こんにち外国人がかんがえているよりもずっと広くひろがっていたのである。」

このような序文のあとに緒論、第一章、第二章がつづく。目次でわかるように、論題は多岐にわたっている。『ゲルデラー』を歴史的考察とするならば、『覚え書』は理論的考察である。両者は車の両輪のようだ。いまさらながらリッターの強靭な思考力と実際的能力に驚嘆しないではいられない。

# Ⅳ ドイツのミリタリズム

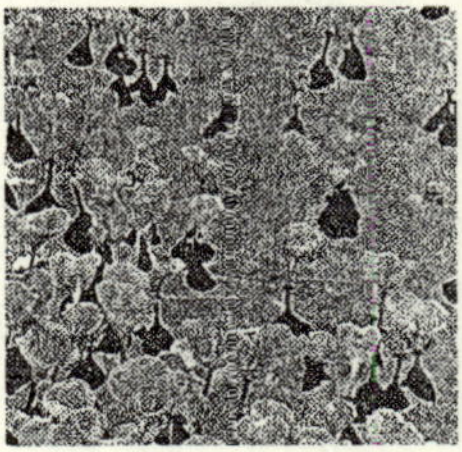

## ドイツ史学とミリタリズム

ミリタリズムについては『歴史的基礎概念』第四巻（一九七八）に詳しい解説がある。ところがこの解説じたいが専門的で、しろうとにはちょっと歯がたたない。それよりもシュンペーターのように、「ミリタリズムは、或る国民が大軍を擁しているからといって、そこに必然的に生まれてくるものとはかぎらず、むしろ軍の首脳部が政治的権力をもつようになるばあいに、発生するものである」（『帝国主義と社会階級』都留重人訳、岩波書店）といわれれば、ある程度、納得できよう。かつての日本軍部がそうだった。「戦争とその準備のための政策・制度が、国民生活のなかで最高の地位をしめ、政治・経済・文化・教育等を支配する思想と行動様式」（「岩波小辞典政治」）というのも、簡潔でよい。

**ミリタリズムとは**

ここでミリタリズムを厳密に定義しなくても、ミリタリズムという語を聞いただけで、イメージが浮かぶのではなかろうか。早い話、イギリスをミリタリズム国家とおもうひとは少ないだろうが、プロイセン＝ドイツと聞けば名うてのミリタリズム国家とおもうだろう。じっさい、ミリタリズムはプロイセン＝ドイツのきわだった特徴といえよう。プロイセン国王フリートリヒ＝ヴィルヘルム一世（在位一七一三〜四〇）による軍事的官僚国家の建設、フリートリヒ大王治下の発展、ナポレオンによる敗北後の軍制改革、ビスマルクの軍備拡張、ヴィルヘルム二世の海軍建設、ナチス軍事国家の発展と滅亡というふうに主要事項をならべると、ドイツの興廃とミリタリズムとが切り離せないことがわかる。では、現代ドイツ史学がこれをどう把握したかを、マイネッケとリッターを例にとって瞥見《べっけん》しよう。

フリートリヒ大王（2世）

**マイネッケのミリタリズム弁護**

第一次大戦のさなかにマイネッケは『文化、権力政治、ミリタリズム』という論説を書いた。「良いドイツと悪いドイツという二つのドイツがあるとされる。永遠の平和を保証したゲーテやカントのドイツ、この良いドイツは権力の保護なしに偉大となった。これに反して悪いドイツはフリートリヒ大王の征服国家に根ざす。権力がその目標で、暴力や策略がその手段だった。こうした二つのドイツの分裂は一八一三年のプロイセンにおいて終結しはじめたが、一八一五年の反動時代がふたたび分裂をひらいた」。マイネッケは「二つのドイツ」のいわれないことを論じ、プロイセン-ドイツのミリタリズムをこう弁護する。「外国人はわが国の軍制の歴史的根底を知らない。一面的に、きびしい訓練と将校団の貴族的階級精神をともなったフリートリヒ＝ヴィルヘルム一世やフリートリヒ大王の古い軍隊に帰する。ところが、プロイセン軍隊は一八〇七年以後の改革時代によって、すなわちドイツ理想主義やカント倫理学の弟子であるシャルンホルスト、グナイゼナウ、ボイエンによってはなはだしい変化をこうむった。彼らは人間の価値にたいする尊敬の念を呼吸し、軍隊における勤務を普遍的・倫理的な義務たらしめ、最高の祖国愛の行為たらしめようとした掟をあたえた。彼らは国民の全道徳的エネルギーの極度の召集によって、プロイセンを強大ならしめるために一般兵役義務を課した。この考えは今にいたるもつねに潑剌としている。われわれの精神的文化から生じたこの倫理がわが国民軍の精神的紐帯《ちゅうたい》となったがために、われわれのミリタリズムはわれわれの文化の一部と化したのである。」

**ミリタリズム的過去との訣別**

かように戦中のマイネッケは、ドイツのミリタリズムを弁護する態度をとっていた。が、敗戦はそうした弁護をゆるがせた。『近代史における国家理性の理念』が過去の反省と新しい門出への決意表明だったことは、すでになんどもふれた。したがってプロイセン‐ドイツのミリタリズムを批判の俎上《そじょう》にのぼらせる。「フリートリヒの軍隊はいろいろ野蛮な手段で徴募され、闘争に役だつようにされた。そしてわれわれのみるかぎり、フリートリヒはかれのミリタリズムのこの野蛮をかつて熟慮の問題としたことがなく、より倫理的な、より人道的な原理をその基礎にみちびきいれようとしたことがなかった。なるほど、彼らは個個の場合には兵士にたいして倫理的・人道的だったかもしれないし、規則によって兵士たちの暴行を制限しようとこころみることもできた。しかし軍隊じたいの機構とは無関係だった。ミリタリズムは一般兵役義務の実施によって国民生活のなかへ深くはいりこみ、こうして測りしれぬ物質的・道徳的な力を獲得した。一般兵役義務は広い拡張への可能性を提供し、ついには世界戦争でおこったように、極端なものが国民から汲み出されるようになった。がんらい防御的武器であった国民皆兵制が攻撃的武器となり、世界平和に脅威をあたえるようになった。」

「ミリタリズム、ナショナリズム、資本主義がわれわれを不幸へみちびいた。それらの運命的な、まったく自明な逢着《ほうちやく》によってのみ、ヨーロッパ列強は、最初は彼らの力の頂点へ、ついで奈落の底へつれてゆかれた。この奈落はヨーロッパの勝利者にとってなお不吉となるかもしれない」。予言は的中した。第一次大戦後二〇年で戦雲はふたたびヨーロッパの空を掩《おお》った。勝利者も不幸だったけれど、敗北者は言語を絶する不幸に見まわれた。その最大の原因は、ヒトラー主義とミリタリズムとの結託だった。マイネッケは第二次大戦終結後に出した『ドイツの悲劇』において、ドイツのミリタリズムを仮借することなく弾劾する。「プロイセン国家のなかには、フリートリヒ＝ヴィルヘルム一世およびフリートリヒ大王以来、文化に適する精神と文化に反する精神の二つが生きていた。フリートリヒ＝ヴィルヘルム一世の創ったようなプロイセン軍隊は、忽ち非常に厳しいミリタリズムを生みだしたが、それは市民生活全体に影響をおよぼし、いかなる隣国にもそれと同じようなものは見られなかった。……こうした文化に反する精神と適する精神との分裂は、一九世紀を通じてあらわれ、さらに二〇世紀に伝わり、ついにアドルフ＝ヒトラーがじぶんに役だつドイツ的発展の実質と精髄のすべてを集めた混合鍋のなかで、プロイセン－ミリタリズムもまた、じぶんのために広い場所を獲得した」。「われわれがいま引きうけなくてはならないミリタリズム的過去との徹底的な訣別は、われわれの歴史的伝統一般はいったいどうなるのだろうか、という問いの前にわれわれをつれてゆく。われわれがそれとともに大きくなった伝来の歴史像は、われわれの歴史の価値と無価値とをたがいにはっきりと区別するために、いまやたしかに根本的な改訂を必要とする。」

だが、マイネッケは「根本的な改訂」を行うにはもはや高齢すぎた。マイネッケの遺志をついだのがリッターにほかならない。しかもリッターの仕事は、マイネッケが想定したところをはるかに上まわる大規模なものであった。

**大著『国政術と戦争技術』**

リッターもナショナリズム、権力政治、ミリタリズムの連関に長いあいだ思索を傾けていたが、敗戦が「ドイツ史学の徹底的な学び直し」の直接契機となった。戦後矢つぎ早に出した著書で、そうした学び直しでないものはない。いまやプロイセン－ドイツの宿痾《しゅくあ》ともいうべきミリタリズムが焦点となる。『国政術と戦争技術』において、リッターの近代ドイツ政治史研究が集大成されたといってよい。そうはいっても、四巻二二〇〇ページの大著を手軽に要約などできるものではない。各巻の序言で著者の意図をさぐるのが精いっぱいだ。

第一巻『古プロイセンの伝統　一七四〇―一八九〇』（一九五四）の序文でいう。「本書は第二次世界大戦の心の、精神の動揺の産物である。思うがままに解き放たれた戦争技術のデモニーが真正の国家理性によって抑えられるかどうか、いかにして抑えられるかという問題が、われわれの世代ほど深く心をゆさぶる生活問題となったことはない。われわれドイツ人にとって、この問いはなお特別な姿をとった。わが国民が、世界がいまだかつてなかったような極端なミリタリスト信奉者になったのは、歴史的にどうしてか。印刷ずみの文献では不十分だったから、私はベルリンとポツダムになんども調査のために足をはこんだ。原稿のおよそ半分は一九四二年一〇月までに完了し、一九四二～四三年の冬学期に公開講演で講演された。私の若いころのドイツ、すなわちビスマルク帝国が、その政治的・精神的伝統をふくめて、いまや廃墟と化した戦争の体験のもとで。しかし戦後、こうした書物をドイツで公刊できる望みはないようにおもわれた。戦後のひどい困苦を克服したあと、一九四八年直後に私は第一巻の推敲と第二巻の準備にとりかかった。」

ところで結論の冒頭でリッターは「ミリタリズム」をこう定義する。「〈ミリタリズム〉問題は、国政術と戦争技術との正しい関係いかんという問いである。ミリタリズムは軍人精神の過大強化と過大評価であって、それによって正しい関係は不健全となる。ミリタリズムは、政治的なものの闘争的な面が一方的に強調されるばあい、戦争遂行の技術的強制力が冷静な国政術の考慮より優勢となるばあいに、つねに見いだされる。このように考察すれば、〈平和主義〉をいかなるばあいにも武器使用をあきらめる態度と解すれば、〈平和主義〉のもっとも極端な反対とおもわれる。ミリタリズムの問題は、要するに、国政術と戦争技術との健全な関係がどういうものかをはっきりかんがえなければ、明白にできない。戦争の諸要素の機能が一般的な国家指導との関係において従属的な機能にとどまることが、公共団体の健全な秩序に必要である。プロイセンの戦争理論家クラウゼヴィッツは、一二〇年前に有名な定義を行った。戦争遂行とは他の手段をもってする政治の継続にほかならない、と。かれが言ったことはけっして新奇ではなく、当時つとに承認された、多くの世代をつうじて伝えられてきた、君主政統治や内閣政治家の公式だった。この公式を二〇世紀において逆転させたのはルーデンドルフたちであった。政治は戦争遂行に役だたねばならぬ、あらゆる健全な政治は平和時における他の手段をもってする戦争の継続だ、と。この理論はヒトラーによって行動の基礎とされ、周知の畏るべき結果を招来した」。

リッターはここに至るまでの長い歴史をたどる。そして『権力のデモニー』でのべた、政治的なものの二律背反的性質、なぞにみちたデモニーをあらためて論じる。結びでいう。「歴史的洞察なくしては現代とその苦境のほんとうの理解はない。こうした洞察はしかし、政治的ジャーナリズムによってではなくて、原史料の辛抱強い慎重な利用によってのみえられる」。こうして第一巻は絶対君主政の時代、すなわちフリートリヒの権力政治の本質の究明からはじめて、国政術と戦争技術との健全な関係をたもったビスマルク時代におよぶ。

**シュリーフェン計画の神話打破**　第一巻を上梓してからリッターは補巻の意味合いで『シュリーフェン計画――神話の批判』(Der Schlieffen-Plan. Kritik eines Mythos. 1956.) をだす。シュリーフェン（一八三三～一九一三）はプロイセン-ドイツの軍人で、参謀総長をへて元帥（一九一一）に昇進した著名な戦術家だ。フランスおよびロシアの両国にたいする二正面作戦を計画した。ところがシュリーフェン計画は、従来、抜萃でしか知られず、たぶんに神話化されていたのである。リッターはシュリーフェンの軍事著作をポツダム、ワシントンにおいて徹底的に調査した。その結果、シュリーフェンの戦術について正確なすがたを呈示し、神話を打ち破った。シュリーフェン計画は成功の見込みのない、一か八かの冒険的な企てだということを明確にしたのである。一九一四年の局面ではそれは不吉な作用をおよぼした。軍事的に危険であるばかりか、政治的にもドイツの不幸のはじまりとなった。それというのも、シュリーフェン計画は一九一四年のドイツの政策を運命的な強制局面へひきいれ、ドイツ外交政策の道徳的信用を台なしにしてしまったから。本書は中間劇みたいなものだが、第一次世界大戦の勃発に重大な意義をもっていた。

## 『国政術』第二、三巻

第二巻『ヨーロッパの主要国とヴィルヘルム帝国 一八九〇—一九一四』(一九六〇)は、ビスマルクの失脚と第一次大戦の勃発とのあいだの四分の一世紀、いわゆる帝国主義の時代を扱う。序文は本巻成立のいきさつと今後の段どりをこうのべる。「ヴァイマール共和政の歴史は当巻のエピローグにすぎない。つまり、ミリタリズムの問題性はやまないものの、新しい局面からよりも、むしろ前の時期の影響から理解されなければならない。ヒトラー運動とその政治的勝利によってミリタリズムの問題性は一変した。政治的に盲《めし》いた闘争心が、陸海軍の指導者から政治的指導へ移る。ついにはまったく新しい独特な局面が生じることになった。……私はこの序文の終わりに、私が本書を心の動揺なしには書かなかったと告白してよいだろうか? 私が本書でのべることは、私じしんの青年時代の、大戦前のドイツである。全生涯にわたってこのドイツは私の思い出にとって太陽のごとく燦然と輝いていた。だがこの輝きは一九一四年の戦争勃発このかた、暗くなりはじめた。いま生涯の夕暮れにおいて、私の世代が当時見ることができたよりいっそう深い影が探究的な目に明らかとなる。」第二巻はフランス、イギリス、ロシア、ドイツなどヨーロッパ主要国のミリタリズム‐政治関係を微に入り細をうがって考察する。

第三巻『国政術の悲劇 戦時宰相としてのベートマン=ホルヴェーク 一九一四—一九一七』(一九六四)の序文には、第一、第二巻におけるような個人的感慨はのべられていない。「政治と戦争遂行との関係の叙述は、こんにち、未印刷物やアルヒーフにおける原記録の広範囲にわたる研究にもとづいてのみ可能である。そうすれば政治的出来事の経過を理解し、指導的政治家や軍人の決意・不履行・成功・失敗を公正に評価するために知らなければならない無数の個個の連関が明らかにできよう。戦争、とくに近代の民族戦争は政治生活のとてつもない強化を意味する。そしてその連関は全地球にひろがった。その結果、われわれの叙述は厖大とならずにいなかった。」

戦争遂行との関係におけるベートマン＝ホルヴェーク（一八五六〜一九二一）の政策は、ここではじめて全面的に原史料から解明された、とリッターは自負する。じっさい、本書の完成にはらった努力は並大抵でなかった。ドイツ国内のアルヒーフはむろん、国外ではヴィーンに数か月滞在して史料調査に当たった。ひとことでいえば、ベートマン＝ホルヴェークの悲劇は戦争要求の強制力と世論の熱情を抑止できなかったことにある。そうした考えのために、ベートマン＝ホルヴェークを征服目標をもつ権力政治家（したがってヒトラーの先駆者）とみなすフリッツ＝フィッシャーを反駁しないわけにゆかなかったのであって、この点は次節でもう一度とり上げる。しかもベートマン＝ホルヴェークの悲劇はドイツのみに限らない。参戦した諸国民のすべてにおいて同じ光景がみられる、とリッターはいう。

**生前に刊行されなかった第四巻**　第四巻『ドイツ＝ミリタリズムの支配と一九一八年の破局』（一九六八）は、五章から成る第一部「ミリタリズム的思考の優勢とその政治的影響」と、四章から成る第二部「過大な計画と要求、革命と崩壊」をふくむ。第一次大戦の終末の一、二年をリッターはあらゆる政治史・外交史の知識を駆使して叙述した。もう死が背後にしのびよっていた頃だ。しかしこの第四巻は生前にはついに刊行されなかった。大半は完成されていた原稿を、愛娘レナーテ＝ヴォルテが編集し、没後一年に刊行したものである。レナーテ＝ヴォルテの序文によれば、最後の最後までリッターは新史料の発見と調査に渾身の力をふりしぼった。ボンの外務省、アルヒーフの探索（一九六七）、ロンドンへの研究旅行など。「ほとんど八〇歳だったが、リッターは生の最後の瞬間まで学ぶことをやめなかった。かれが書いたすべての背後にわれわれは同時に、一切を、あらゆる場面を追体験し、それゆえに理解しつつ叙述することができる男の温かい、いきいきとしたいぶきを感じる」。さらにレナーテ＝ヴォルテによれば、リッターは二章、すなわちヴァイマール時代とヒトラー時代をつけ加える計画をもち、その準備をしていた。二つの論説は学問的な史料研究というよりはむしろ「エッセーふう」なもので、ヴァイマール時代とヒトラー時代における国政術と戦争技術との関係を述べるつもりであった。これらを書きしるしはじめたとき、死がかれからペンを奪った。

# 政治と軍事の健全な関係

**フリートリヒ大王のミリタリズム**　一九五三年にブレーメンでひらかれた第二二回ドイツ歴史家大会において、リッターは「ドイツのミリタリズムの問題」と題した公開講演を行い、これを「HZ」に掲載した。修正して論文集『生ける過去』（Lebendige Vergangenheit. 1958.）に収めた。拙訳「ドイツのミリタリズムの政治的問題」の原文である。この論文は二つの点で重宝である。ひとつは、『国政術と戦争技術』全四巻の浩瀚《こうかん》な書を要領よくまとめていること、ふたつは、「エッセーふうな」形でのべるつもりでいたヴァイマール時代とヒトラー時代の叙述を先どりしていることである。この論文によりつつリッターがドイツ＝ミリタリズムの盛衰をどう跡づけたかを見よう。

リッターによれば、ドイツではミリタリズムの問題はフリートリヒ大王以前にははじまらない。それというのも、軍人王と称された父ですら、外交家としては闘争的人物というより臆病風に吹かれた中立主義者であった。ドイツは近世のはじめには、内部の弱さのゆえにヨーロッパでいちばん平和を好む国だった。そうした伝統は、フリートリヒ二世がシュレジエンをおそい征服し、これをヨーロッパの列強にたいして維持したとき、突如として中断した。この行為でフリートリヒは近代のミリタリストの原型となった。だが、フリードリヒの政治をミリタリズム的とよぶひとは、われわれが現代においてこの名のもとで知っているすべてと似ても似つかぬものであることを、はっきりと了解していなければならない。フリードリヒの権力政治は純然たる内閣政治であり、王の戦争は純然たる内閣戦争だった。それらの戦争は、なるほど個人的な功名心なしに企てられたわけではなかったにせよ、いとも思慮分別ある国家理性のたんなる目的行動として、損得のあらゆるチャンスを冷静に計算したうえで、きわめて制限された手段をもって遂行された。啓蒙君主のミリタリズムは、こんにち「総力戦」と名づけられる、戦争目的のためにすべての生活を犠牲にすることなど、毫も知らない。戦争目標として敵の国防軍の全滅などは追求しない。力強い一撃で、あるいは賢明な作戦で敵を疲労困憊《こんぱい》させ、あげくの果てに外交的調停交渉に同意させることで足れりとする。戦争はつねに政治の意のままになる道具にすぎなかった。

**ナポレオンのミリタリズム**

フリードリヒのミリタリズムがこうしたものだとすれば、古いミリタリズムよりずっと悪い新しいミリタリズムは、いつ、どうしてはじまったのか。それがめざめたのはフランス革命の結果であって、政治的権勢欲とか強国の野心とか好戦的精神が、内閣から政治化した国民へ、つまり新しい政治的民族共同体へ移った。革命フランスは一七九一年九月三日に、厳粛にミリタリズム放棄を宣言したとはいえ、外から脅威をうけるが早いか、一般国民武装を命令し、ナポレオンのもとで二三年にわたる戦争時代へ突入した。軍事目的を達成するために人命をとめどなく投入した。こうして生粋のミリタリスト、ナポレオンがあらわれ、現代の全体戦争の先駆けとなる。これに劣らず重要であるのは、全国民を軍隊へいれることで市民的な考えと軍事的な考えとの対立をなくすることだった。ドイツにおいては、ナポレオンにたいする解放戦争が否応なしにこうした制度をうんだ。第三に注意すべきは、戦争が内閣戦争から民族戦争になっていらい、戦争は昔には知られなかった尊厳をえたことだ。解放戦争の体験にみたされたドイツの理想主義と歴史主義とは、戦争を物質的エネルギーのみならず道義的・精神的エネルギーの競争と賛美した。このような戦争の聖化をミリタリズムの特別にドイツ的な形式とみるのは、当を失する。フランスにもイギリスにも類似した考えがあったのだから。しかしミリタリズム的思想へ走るドイツの傾向は、精神的な連関（ドイツの歴史主義とその国家観と西欧デモクラシーとの対立）で説明できるばかりでなく、現実政治の事実でも説明できる。すなわち、ドイツ国民は一八七〇年以前にはけっして政治的に満足しておらず、統一の努力を多くの方面から妨害されているとおもっていたけれど、一八七一年以後には、新たにおこした対オーストリア・フランスの二つの戦争で、国民国家の安全は強大な武装によってのみまもられることを知ったのである。

ビスマルク

**ビスマルクとミリタリズム**

一八六〇〜六六年の軍‐憲法闘争の背後には、生粋のミリタリストと称しうる二人の人物がいた。軍事参議院長マントイフェル（一八〇五〜八二）と、ヴィルヘルム一世の腹心の顧問アルヴェンスレーベン（一八〇三〜八一）である。彼らは国王が二年の兵役勤務年限に固執するのを支持したのみか、事態を故意に切迫化し、政治危機を打開するためには、プロイセン憲法の廃止とくに修正のクーデター以外に策なし、とした。彼らは軍隊を国民生活との結合から離れた国家のなかの国家たらしめようとした。もしも彼らの思う壷になったら、もしもビスマルクが介入しなかったら、闘争は流血の惨事をまねき、立憲的国家形式の破壊か王権の重大な敗北かになったであろう。

ところでビスマルクは、なるほど最大規模の闘士ではあったけれど、けっしてミリタリストではなかったし、絶対主義者でもなかった。戦争は政治の道具以上のものではないということを、ビスマルクは古典的な明白さをもってくり返しのべた。政治家にのみ、「戦争によって到達されるべき目標の確立および制限」の権限がある。遂行の手段を戦争技術家にだけまかせなかった。決定を世論の流れにも大衆の情熱や先入見にも依存させなかった。つねに国家理性だけが肝要だった。いいかえれば、ビスマルクこそはヨーロッパの最後の偉大な内閣政治家であり、フリートリヒ大王の最後の後裔であった。ビスマルクの国家理性は、もはやたんに一王家の名声や偉大をめざしたのではなく、またプロイセン国家の強大のみをめざしたのでもなくて、同時にドイツ全国民に奉仕し、自己の事業のためにドイツ全国民に助けをもとめねばならなかった、という点が相違するだけである。対オーストリア戦や対フランス戦において赫赫《かくかく》たる勝利をおさめた軍人（参謀総長モルトケ、一八〇〇～九一）をして政治に容喙《ようかい》させなかった。モルトケは高邁《こうまい》な無私の人格で、政治的野心を抱かなかった。もし一方的に軍事的思考を政治の領域にひろげることをミリタリストというなら、モルトケはミリタリストでは金輪際なかった。

## 戦争技術の高度化

とはいえ、国家における軍隊の地位が独立すればするほど、一旦緩急のさいに軍事技術的思考の重大さはいよいよ大きくなる。ひとたび回転した戦争技術にたいして勢力をうるという政治家の可能性はますます小さくなった。たえざる拡大と技術的複雑化をともなう現代の戦争が一個の精密機械に発展しただけに、政治家の可能性はますます小さくなった。精密機械というものはそれじしんの必然性を有し、外部からの妨害にたいしていよいよ過敏となる。現代におけるミリタリズムの問題を法外に解決しがたくするものこそ、この技術的必要性なのである。また、国家内での軍隊の特殊な地位は、長ければ長いだけ、公共生活にききめをあらわす。大衆は一般兵役義務によって訓練されるし、青年と将校団の身分的風習とが密接に接触するようになる。そうしたことがドイツ人の生活にミリタリズム的外観をあたえることにもなる。

現代の軍装置の複雑化は、一八九〇年以後には間断なくすすむ。ドイツではとりわけヴィルヘルム二世の大艦隊建造いらい、そうだ。その結果、軍事は指導的政治家の掌中にある道具たるべしという原則が、不可避的に失われた。ビスマルクの後継者たちは、ビスマルクが一八八七年にいともきびしく統制していた参謀本部の計画になんらかの影響をおよぼすことをあきらめた。モルトケの第二の後継者であるシュリーフェンは、東方と西方との二正面作戦計画をたてた。かれは軍事技術的考慮から、ベルギー・オランダ両中立国を侵すことで国際法に違反するもやむをえず、とかんがえた。そうした行動の政治的結果、とくにイギリスの政策におよぼす影響については熟慮しなかった。シュリーフェン計画の実施はフランスにたいする性急な宣戦を余儀なくし、一九一四年七月における帝国政府の決心を前代未聞の時代の圧迫のもとにおき、全世界の前でわれわれに攻撃者の極印をおし、戦争のほんとうの意味、つまり、東方ロシアにたいするオーストリア掩護をすっかり曖《あい》昧《まい》にしてしまった（この点は『シュリーフェン計画』において詳述された）。こうしてヴィルヘルム二世時代には、文官にたいする武官の優位はもはやビスマルク時代におけるように制御されなくなった。ビスマルク以後の帝国における、ミリタリズム的なものへのドイツ政治の変化は明明白白である。

もっとも、これはドイツだけの現象ではない。ヨーロッパ主要国においても、政治家の意志にたいする軍事技術的必然性が優越するという不気味な光景がみられた。プロイセン-ドイツを範とした一般兵役義務が行われるという形で軍備競争に加えて、大大的な工業の発展がある。諸民族の国民的功名心のめざめがある。これらが合体した。かくしてミリタリズムは新しい形式、すなわち全国民のミリタリズム化という形式をとるに至った。ただ、この途上においてドイツが他民族に率先したことは、なんといっても否定できない。最高統帥部にルーデンドルフ（一八六五～一九三七）のような、生粋のミリタリストがいただけに、いよいよ危険であった。

**ヴァイマール時代とヒトラー時代**

戦争末期に闘争的勢力と宥和的勢力とが対立し、一方は「合併論者」や「戦争延長者」として、他方は「祖国の裏切り者」として指弾された。ミリタリズム問題の核心であるあの二律背反、つまり闘争的な権力意志と平和をもとめる秩序-宥和意志との二律背反が、以後ドイツ国民を分裂させた。この対立の永続がヴァイマール共和政の生活をはなはだしく破壊した。一方には国際平和や宥和的な政治家がいて、苛酷な平和条件を履行することで世界における新たな信頼を博し、ドイツの地位をゆるめようとした。他方ではルーデンドルフのようなミリタリストがいて、頑強に反抗した。そうはいっても、ルーデンドルフのミリタリズムがヴァイマール共和政におけるドイツ将校団の政治的意向の正規の形式だったとみるのは、まちがいだ。また、ドイツ参謀本部員が新たな世界戦争の開幕を待ちのぞんでいたかのようにかんがえるのも、正しくない。純然たる防御目標のための軍隊の強化以上のものを追求した、国防軍の軍備計画はなんら存在しない。参謀本部はヒトラーにたいして、かなり頑強に反抗していた。彼らは第一次世界大戦の経験から教訓をえていたし、第二の世界戦争をたたかい抜くにはドイツは力不足であることも自覚していた。ヒトラーは強大な軍備を約したから、多くの将校がヒトラーに共感した。しかしヒトラーの暴動的な国民運動にはげしく反対する者も最高指導部にはいたのである。結局は国防軍もヒトラーに服することになったが。じっさい、ヒトラーの政体下におけるほど、軍が政治的指導に従属したことはない。軍人にたいする政治家の優勢は完全に確保されたかに見えた。ところがこの政治家じしんがミリタリストの権化だったのだ。ヒトラーの権力-闘争意志がいかに成功し、ついには失敗したかは天下周知である。

過去をふり返ってリッターはいう。全体としてのドイツ国民は、よく陰口をたたかれるほど「ミリタリズム的」ではない。少なくともドイツ国民は彼らの「ミリタリズム」を二つの世界戦争の経験で放棄した。ドイツ人は、こんにち世界における己が地位を理解し、頑迷なナショナリストの権力の夢にたいし、平和な建設意志のほうに凱歌をあげさせようとおもっている。ドイツ人の多くが欲しているのは、もはや「権力政治」の再生ではない。にもかかわらず、現代におけるミリタリズムの問題はけっして解決されていない。そもそもこの問題はたんなる政治問題ではないのである。大切なのはこういうことだ。人類が、原爆時代において自分じしんでつくりだした戦争技術のデモーニッシュな「必然性」から自己を解放することができるだろうかどうか。いいかえれば、倫理的自由すなわち永続的な健全な世界秩序を建設しようとする意志が、破壊や残忍な権力意志の自然暴力よりも強いだろうかどうか、ということである。じつにそれは政治組織の問題以上のものである。講演の結語である。

リッターは『国政術と戦争技術』の完成に心血をそそぐこと一五年におよんだ。現代ドイツ政治史学の記念碑的作品であることは、なんぴともみとめるだろう。アンドレアン＝ドルパーレンは辛《から》口《くち》の批評家だが、それでも「事実の叙述と価値判断との緊密な結合、力強くいきいきとした文体は、かれの著書に特別な簡明さをあたえた。リッターの史学はかれの同時代人ほどには将来の世代に訴えないかも知れない。しかし『シュタイン』や『国政術』のような書物は、その豊富な資料によって今後も参照されるであろう」（ヴェーラー編『ドイツの歴史家』）といっている。「新チューリヒ新聞」は評した。「リッターの書物から生じる魅力は、かれが叙述すなわち物語の巨匠だということと関連する。歴史の中心としての人間をみる能力のなかに、かれの歴史的技巧の本質的な動機がある」。ミリタリズムのような問題史のなかにもリッターは物語性と人物描写（たとえばベートマン＝ホルヴェーク）をたっぷり盛ったのである。

『国政術と戦争技術』は雄篇であるだけに、いやそうだからこそ、賛成論ばかりでなくて反対論も続出した。それらの批判に立ちいる余白はないから、二、三の例をあげるにとどめる。第一巻の上梓後、マールブルク大学の高名な歴史家ルートヴィヒ＝デヒーオ（一八八八～一九六三）が「HZ」で行った（一九五五）。

### デヒーオの批判

デヒーオはリッターの理論上の矛盾をつく。リッターの定義は二つの独立した部分から成る。第一の部分では、軍人の技術的考量による真の政治の危険な偏向をしめし、第二の部分では、しかし政治そのものが、政治が一方的に行動主義的な戦闘的な根本態度に身売りするとき、ミリタリズムと称される。こんなふうでは概念の分裂といわれても仕方がない。概念のこういう分裂は、最初に一瞥したときひとを混乱させるかも知れない。が、われわれがミリタリズムの概念と、独特な相互関係に立つほんとうの国家理性の概念とに注目するなら、混乱は解決される。真の政治家は戦争のさなかにおいてさえ平和な永続的秩序を見失わないというのがリッターの根本見解だが、大切なのは平和の永続的秩序がいかなる範囲で可能か、ということではないか。飽和した国家とか老朽国とか弱小国なら平和状態を望むだろう。しかしそういう秩序は、興隆する国家の根本傾向に背馳《はいち》する。わかい勃興する国家は、さらに躍進するためのあらゆるチャンスをつかむだろう。プロイセンの国家理性はその窮極目標として平和な永続的秩序などをめざさず、ひたすら成長をめざした。戦争と平和とはプロイセンの国家理性にとって、そうした成長を押しすすめるための、交換しうる手段だった。だとすれば、リッターがいっていることは「形容の矛盾《コントラディクティオ-イン-アトジェクト》」ではないか。スペイン人やフランス人も覇権をにぎろうとする戦いにおいて、ヨーロッパの平和な永続的秩序を呼ばわった。ロシア人についてもそういえる。ところがリッターは、覇権をにぎろうとする戦いのなかにミリタリズムがあるとする。したがってルイ一四世、ナポレオン、ルーデンドルフ、のちにはヒトラーが、リッターには生粋のミリタリストと見えるのだ。国家理性についてのリッターの概念は、一八、一九および二〇世紀の大きな争覇戦中のかなり穏和な現象から抽出されたものではないか。度をこえた国家理性のばあいがかれの概念を粉砕しそうになると、ミリタリズムという。それでは定義に統一がなくなるだろう。デヒーオはこうした理論的矛盾をつき、事実で立証する。

デヒーオの反論には一理も二理もあり、これをみとめるに吝《やぶさ》かではない。ただ、リッターはプロイセン-ドイツのミリタリズムを学究的に研究するだけが唯一の目的ではなかった。むろんそれも大切だが、自己の生死を賭けた体験にもとづいてドイツ国民にプロイセン-ドイツのミリタリズムの功罪を明らかにしようという、いわば教育的見地に立っていたことを見のがしてはならない。他の著書でリッターはこういっている。「われわれは今日ヒトラー一派の台頭に関するドイツ国防将官の関与について、また国民軍の最高幹部であの無法者の破廉恥行為とその悪魔的な戦争計画に対して行った協力について知っているが、そのことはわれわれを誘って、必然的に〈プロイセン-ドイツ軍国主義〉の問題を全く新しく考えぬかせることであろう。不幸にして疑いえないことは、この軍国主義を通じて、フリートリヒ大王がなお極めて明晰《めいせき》な観念をもっていた政治と戦争遂行・権力と正義との健全な関係が、時と共に完全に顚倒《てんとう》せしめられたということであって、この有害な発展過程の歴史を正しくしかも仮借ない叙述の中で明らかにすることが、現代のドイツ歴史学の焦眉の課題の一つなのである」(Geschichte als Bildungsmacht. 1946.『教育力としての歴史』島田雄次郎訳、創文社)。

**フィッシャー論争**

デヒーオよりも一世代わかい、ハンブルク大学のフリッツ＝フィッシャー(一九〇八〜)は、リッターをいっそうきびしく批判し、リッターもこれに応酬する。いわゆる「フィッシャー論争」だ。リッターは「新しい戦争責任テーゼ？　フィッシャーの『世界強国への道』のために」(HZ、一九六二)の結語でこういう。「本書においてはじめて、両世界戦争の本質としての〈ヘゲモニー闘争〉に関するルートヴィヒ＝デヒーオの輝かしいと同時に危険な(なぜなら、結局は半ば真実にすぎないから)テーゼが、史料からくみとる大規模な叙述において効果をあらわした。同時に、本書において現今の政治的・歴史的な流行の最初の頂上が到達された。すなわち、ドイツ歴史意識の自己隠蔽《いんぺい》において。ドイツ歴史意識は一九四五年の破局いらい、かつての自己崇拝を排除し、いまやますます一方的に押しとおそうとしているかに見える。私の確信では、そうしたことはかつての超愛国主義と同じくらい、重大な結果をまねくだろう。こういう次第で私は、本書を深い悲しみなしに、つまり来たるべき世代を見て悲しみと心配なしに描《お》くことはできない」。このようにいうリッターをフィッシャーはどうかんがえるか。フィッシャー論争だけで一冊の本になるから、やはり深入りできないけれど、フィッシャーが『世界強国への道』（村瀬興雄監訳、岩波書店）の「日本版への序文」でつぎのようにのべているのが論争の経過を知るうえで便である。「ゲルハルト＝リッターは、一九一四年七月危機についての私の解釈を、〈新しい戦争責任テーゼ？〉という論文の中で、もっとも鋭く攻撃して、その中で、ドイツはただ大きな戦争を避けたいばかりに、しりごみし動揺しているオーストリアをせき立ててセルビアと戦争させたのだ、そして戦争責任はロシアにある、という古い命題をむしかえした。リッターはドイツが具体的な戦争目的をもっていたことを否定して、ドイツ帝国は一九一四年以前には、ただイギリスとの同権を欲しただけだ、と主張しただけでなく、また世界大戦を扱った彼の著書『国政術と戦争技術』の最後の二巻（第三、第四巻）で私に対して論争を仕掛け、ベートマン＝ホルヴェークを国家理性、思慮および道徳の代表者として描き、その反対にルーデンドルフを、後年のヒトラーと同様に軍国主義へと堕落した戦争指導者として描いた。……ゲルハルト＝リッターにとっては宰相ベートマン＝ホルヴェークの性格が大切であった。彼のヴィーン大会に寄せた報告書のタイトルからも見られるように、伝記的な関心が彼の研究の中心をなしていたのである。私はそれとは反対に、政治‐機構的な、社会‐経済的な、そして宗教‐精神的な諸前提条件を重要視しており、ドイツ帝国の政策を規定する諸勢力を重要視した。」

## 歴史を考察する視角の違い

わたくしには両者の言いぶんのどちらが正鵠《せいこく》をえているかを判断するだけの力がない。力があるとしても、いまはその場所でない。ただ、「プロイセン―ドイツ的な保守的歴史学派の最後の代表者」リッターよりも、機構の研究や社会経済史に力点をおくフィッシャーの歴史観は当世むきで、わかい世代の歴史家の共鳴をえたのはわかる気がする。たとえばソルボンヌ大学のジャック＝ドローズははっきりフィッシャーの肩をもっている。「フリッツ＝フィッシャーの最大の功績は、ドイツ人が、自分の過去をほめたたえ、それを好都合な姿につくりあげていた、その勝手気ままな歴史像を破壊したことであり、かかる歴史像の徹底的な修正をドイツ人に強要したことである。……ヒトラーという人物は例外現象であり、ドイツ史の本質に反する事件であったという、単純な概念をひっくり返すことに貢献した。ベートマン＝ホルヴェークがヒトラーの先駆者でなかったことは確実であるが、フィッシャーもまた決してそんなことを述べたりはしなかった。しかしドイツの歴史家が数十年の長きにわたって、ドイツの戦争目的について世論をだまそうと努力しなかったならば、ヒトラーの成功がこれほど容易にならなかったことであろう。」

ところがクラウス＝シュヴァーベはいう。「フィッシャー論争でしめすように、リッターはドイツの過去にたいする半ば弁明的な、半ば修正主義的態度において、いかなる〈自己誇示〉もせず、またいかなる〈品格をおとす自己屈辱〉もせず、をモットーとした。フィッシャーとの論争をリッターは調停的立場とかんじた。調停的立場はあらゆる政治的自己反省の〈無制限な自己批判〉や〈強情な反抗的な拒否〉の極端をさけるべきだ。リッターがおそれたことは、一方ではドイツ民族におけるあらゆる自信の喪失であり、他方ではドイツ人の民族主義的反動の可能性だった。リッターが努めた〈偏見なき修正〉は危険に会う運命にあった」。してみると、ドローズとシュヴァーベが観点を異にしているように、フィッシャーとリッターは歴史を考察する視角が別だったようにおもわれる。フィッシャーは『国政術と戦争技術』しか批判の対象としていないけれども、やはり全業績から判断しなければならないのではなかろうか。

### シーダーの批評

最後にもう一例あげよう。現在ドイツ史学界を代表するケルン大学のテオドール＝シーダー（一九〇八～　）が、『国政術と戦争技術』第三巻を書評した（HZ、一九六六）。シーダーはまず、第一、第二巻が約四〇〇ページなのに、第三巻は七〇〇ページの大冊であって、リッターにとって史料調査と個個の事実の究明がいかに大切であったか、に注意をはらう。しかも疑義をのべる。たとえば、本書の根本問題（国政術と戦争技術）の把握において、どの程度まで変更あるいはアクセントの移動がしるされたか、ということだ。戦時宰相ベートマン＝ホルヴェークがしばしば信じがたいほどの強靱さをもって自己の目標を追求したことを、リッターは詳述するのだが、このような目標はどこにあったのかが本書の核心問題なのであって、フィッシャーもそこをするどく衝いた。そうした疑問を呈しながらも、シーダーはつぎのようにむすんでいる。「リッターの本書は〈価値自由的に〉判断する学者の冷静な慎重さをもって書かれたものではない。多くのひとは、人格・決断・状態のあれやこれやの価値判断についてリッターと争うかも知れない。本書は著者があの時代のドイツ政治と、くり返された〈われわれ〉や〈われわれ〉との同一視によっていい表す、至高の内的アンガージュマンをもって書かれた。だがこのアンガージュマンが著者の目をくらませたり、著者に国民的な視野の狭さをもたせたりした、などとかんがえるひとは思いちがいをしている。この偉大な歴史家、偉大な愛国者の情熱の成果は、美化や弁明でなくて、きびしい批判である。われわれはこうした態度にただ最高の尊敬をささげうるのみだ」。シーダーはドイツ史学の伝統を堅持しながら、しかも他方において戦後のドイツ史学に構造史とか社会史の新風を吹きこみ、そういう面で先駆者的指導者の役割を果たした歴史家である。そうしたシーダーがリッターに、疑問を呈しつつも最大の敬意をはらったことは注目するに足る。

『国政術と戦争技術』をめぐって甲論乙駁の状況だが、リッターが提出した問題、政治と軍事との健全な関係はいかにあるべきか、現代の高度に発展した戦争技術に政治家はいかに対処すべきか、といった問題は、たんにプロイセン–ドイツのミリタリズムにかかわるだけではない。それは全人類の運命にもかかわる重大性をもつことを銘記しなければならない。

# V　二人の巨匠

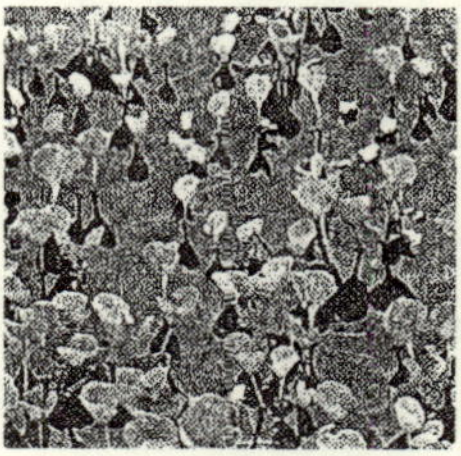

## リッターとマイネッケ

**フライブルク大学の躍進**　これまで折にふれてリッターとマイネッケとを比較対照したが、本章では両者の交渉をまとめて述べることにしたい。周知のように、ランケ（一七九五〜一八八六）は「力強い力を出現させるためには私の自我を解消し、ひたすら事物を語りたい」といった。リッターはそうしたランケ史学の精神をうけつぎ、客観的歴史を標榜した。しかしいかに自己を滅却しようとしても、歴史家の個性があらわれずにいないのが歴史叙述の妙諦《みょうたい》である。史料の調査研究の陰に歴史家の内面的なものが隠れているが、なにかの拍子で外にあらわれる。リッターもマイネッケとの交渉で思わず知らず自己をあらわした。それを明らかにしておきたいのである。リッターの本領が物語的歴史にあることは再三述べたが、歴史理論家としても一流であることがわかる。

ところで『フライブルク大学哲学部史論集』（開学五〇〇年を記念して各学部の部史が順次刊行された）のなかでクレメンス＝バウアーが「一九世紀最後の一〇年から二〇世紀最初の二五年までの歴史学」についてこう報告している。「哲学部のみならず、フライブルク大学全体が二〇世紀にはいってから地方大学から全ドイツの大学へ躍進した。なるほどこの時点では、歴史学においてフライブルク派は存在しなかった。だがそこで活躍している歴史家は、研究と教授において一派をなした。フライブルク大学をドイツにおける歴史研究の中心たらしめ、ドイツ歴史学において重要な席をえたひとたちである。先駆者としてアロイス＝シュルテ、ついでアルフレート＝ドーヴェとハインリヒ＝フィンケ、一九〇五年に招かれたゲオルク＝フォン＝ベローと一九〇六年に招かれたマイネッケ、一九一四年にマイネッケの後任となったフェリックス＝ラッハファールである。」

いささか気負ったいい方ではあるけれど、じじつフライブルク中世・近世史ゼミナールは光彩陸離たるものがあった。哲学科には新カント学派の総帥ヴィンデルバント（フライブルク時代一八七七～八二）、リール（同一八八二～九六）、リッケルト（同一八九六～一九一六）、現象学のフッサール（同一九一六～二八）、実存主義のハイデッガー（同一九二八～四五）、経済学にはマックス＝ヴェーバー（同一八九四～九七）らの碩学《せきがく》がくつわをならべ、地方大学とはいえ、意気軒昂だった。そうした高揚した気分が史学科に刺激をあたえたにちがいない。リッターが一九二五年にハンブルク大学から赴任したのは、こうした史学科の名声に心をおどらせたからだろう。ハイデルベルク大学とは縁があっても、フライブルクとはなかったのだ。と同時に、一〇年の間隔をおいてマイネッケのあとを継いだことに誇りをかんじたであろう。マイネッケはフライブルクに八年しかいなかったのに、リッターはここをついの住家とする。

**フライブルクとリッター**

リッターは「メリアン」という観光雑誌の一九六三年春季号にこう書いている。「私は三七年以上も当地にくらしている。これは私のこれまでの生活のちょうど半分である。そして私は余生を、フライブルク以外のいかなる地でもすごそうとはおもわない。いったい何がこの町の魅力をつくるのだろうか」。リッターはまずフライブルクの景観を賛美し、大学の由緒をたずね、中世ドイツ‐ゴシックの建築の粋をあつめた大聖堂をたたえる。「かつての地方の町はいやが上にも豊かとなり伸展して、ドイツおよびヨーロッパの教養の中心となった。フライブルクは近代都市となったが、むかしのオーストリア時代の居心地の良さと人間的魅力の何かが市民のなかになお保持されている。それは南アレマン人気質の思慮分別と気立ての良さとにもとづく。フライブルク人はかれの町を——その長所も短所もふくめて——愛するばかりである」。私事にわたるけれど、大学の講義にはあまり顔をださず、旧市街のあちこちを歩き、名にし負う黒森《シュヴァルツヴァルト》にたびたびドライブした。フライブルクの三〇〇日は終生忘れがたい。だからリッターの文に同感するのである。

**二人の共通点**

それはともかく、マイネッケとリッターが同じゼミナールにぞくしたのは奇縁というほかないが、彼らにはいくたの共通点がある。ともにランケ正統史学のれっきとした継承者だ。しかしマイネッケはランケ政治史のわくをこえて理念史とか問題史に新分野を

マイネッケ

開拓した。その点リッターはやや古風で、ランケ政治史にこだわった。問題史がないわけではない。『ミリタリズム』などは堂堂たる問題史ではないか。ともに現代政治に関心をもち、ある程度実際政治にタッチし、時代体験を研究にきざみつけた。マイネッケはいっている。「自己の人間全体をそれに関与させるのでなければ、行為の世界、しかもとくに政治的行動の世界を精神的にわがものにすることはできず、それに学問的形式をあたえることはできない。叙述者みずからの意欲と願望とをある程度まで添加することなしには、いまだかつていかなるすぐれた政治史も書かれたためしはない。」（ランケの『政治問答』）

リッターのばあいも同じだ。戦後間もなくあらわした『ヨーロッパとドイツ問題』（Europa und die deutsche Frage, 1948.）を増補改題した『ドイツ問題　過去・現在のドイツ国家生活の根本問題』（Das deutsche Problem. Grundfragen deutschen Staatslebens gestern und heute. 1962.）の序文にこう書いている。「新版は変わった目標をおく。一九四八年に著者をこの仕事へ駆りたてたのは、ドイツ史とドイツ国家生活にたいする囂囂《ごうごう》たる非難ととり組む緊急必要だった。そうした非難は、当時、ヒトラー帝国の破滅後に、なかんずく外国からわれわれに発せられた。そのさい著者に肝腎だったことは、たんなる防衛ではなくて、非難のうちのなにが正しいか、なにがドイツ歴史像の新しい形成のきっかけになるか、といった問いを真剣に検討することであった。内に向かってよりも外に向かって対抗したのだ。ところがこんにちは、外国との対決よりも内での時代潮流との対決が重要である。この潮流はわかい世代のなかにみとめられ、極端な『修正主義者』の誇張によって増幅されている。思想の交替における急転回や一面性への傾向はドイツ人の世襲の特殊性であるかに見える。しかしながら過度の愛国主義から懐疑的・冷静な中立性への突然の変化は、もとより一九四五年の全面的破滅の結果である」。戦後の急激な反動をリッターは憂い、できるだけ公正に対処しようとしているのである。

ともに現代ドイツ史学界きっての多作家である。それも玉石混淆《こんこう》でなくて粒ぞろいである。研究領域が広いことは前言した。組織者能力も抜群である。マイネッケは多年「HZ」を編集し、戦後はベルリン自由大学の初代学長となった。リッターは「宗教改革史アルヒーフ」を主宰し、戦後はドイツ歴史家協会会長、国際歴史学会議副委員長となった。満七〇歳のときに記念論文集『生ける過去』を出した。記念論文集は友人門弟から献じられるのを常とするが、この論文集はじしんの主要論文をえらんで一巻としたものである。ドイツ、イギリス、フランス、イタリア、オランダ、アメリカの歴史家二三四名が連署して、リッターにたいする尊敬と感謝のことばを述べている。国際的活動ではマイネッケにまさる。ことわっておくが、わたくしはそうした世間的名声に重きをおくわけではない。ただ旺盛な活躍について一言したかったにすぎない。

さきに「実際政治にタッチした」といったけれど、たとえば抵抗運動にたいする対応の仕方において消極的と積極的との差が生じたことは、彼らの年齢や気力の差からすればやむをえなかった。マイネッケはヒトラーに反対の態度をとった連中（七月二〇日事件の首謀者たち）と親交をむすびはしたものの、抵抗運動に身を挺することはなかった。リッターはずっと活発だった。結局、ゲシュタポに逮捕されて収容所にいれられた。死をまぬがれたのは奇跡といってよかった。これを要するに、戦後西ドイツの歴史学界は、マイネッケとリッターという二つの巨《おお》いなる星をみちびきとして立ち直った。だが、いかにすぐれた歴史家も、時代によってのりこえられてゆく運命をさけられない。率直にいって、構造史とか社会史がもてはやされる昨今のドイツ歴史学界では、マイネッケのイデー史やリッターの政治史は色あせて見える。しかしそのことは彼らの悲惨ではなくて栄光のしるしなのではなかろうか。

### 二人の相違点

反面、志向と資性において相違する。資性はともあれ、志向の相違は早くからみとめられる。マイネッケが『近代史における国家理性の理念』を刊行した翌年にリッターは批評文を書いた（『学問と青年教育新年鑑』、一九二五）。わたくしは参照できないでいるけれど、のちにマイネッケの方法を論じたみじかい文（『国政術と戦争技術』、第一巻補注）から推して、同趣旨のものとみてよかろう。リッターの主張はこうである。「政治的なものの内的二元論は、ひとも知るように、すでにマイネッケが『国家理性の理念』の対象とした。マイネッケは国家の歴史において、かれが〈クラートス〉と称する〈自然面〉や〈暗黒面〉と、政治の〈エートス〉と名づける理想的な明るい面との、永遠の争いをみる。後者は本質的に〈イデー〉によって支配され、前者は〈動物的な〉低劣な利己主義的本能によって支配されている。個個のばあいにはるかに多彩な対象概念のヴァリエーションが生じる。あるときには道徳的な、あるときには法律的な、あるときには形而上学的なカテゴリーが基礎になる。エゴイズムと倫理的規範、政治と道徳、現実とイデー、権力と正義、エゴイズムと契約忠実、自然と精神、自然と文化、運命と理性、因果と自由、存在と当為、闇と光、など。これらの多くの概念と、われわれの〈権力闘争と平和秩序〉との対照のあいだに一般的な親近性が存するのは、わかりきったことである。」

「しかし私は、いかなる点でマイネッケと対立するかを省察したい。第一に、私は闘争的なものを道徳的に低く評価はしない。権力闘争は平和秩序と同じようにほんとうの〈エートス〉をもつ。たしかに、私の信念にしたがっても、闘争的なものが自己目的となってはならない。そして歴史的偉大は、闘争によってえられた権力が、新しい、より良好な、つまり時代の生きた力にいっそう適した秩序をつくるばあいにのみ達成される。だが他方、ひとたび存する平和秩序が、絶対的な、あらゆる時代的限定を脱した倫理的価値と解されてもならない。第二に、私の区別は新カント派の概念、すなわち〈存在と当為〉、〈因果と自由〉、〈イデーと現実〉とは、いささかも関係がなく、〈自然と精神〉、〈精神と権力〉との対比とも無縁だ。権力衝動は個人や国民にとって、平和な永続的秩序にたいする要求と同じくらい〈自然〉である。権力衝動は社交性への本能と同じように自然だ。歴史的文献でよく対照される〈精神と権力〉は、私の考えでは真の対立をなすものではない。権力闘争はしばしば精神的創造物——最高級のものを破壊するばかりでなく、ふたたび産出することは、わざわざ歴史家に向かっていう必要がない。マイネッケもこれをわきまえており、政治的闘争の精神をめざめさせる影響についてたびたび報告している。それどころか、こういってもよかろう。大きな名誉欲なしには、偉大な精神的創造は生じなかった、と。しかも偉大な〈権力〉はなんら粗野・自然なものではなくて〈現実的・精神的〉本質であるということは、われわれがすでにランケに負う洞察である。第三に、したがって私は、〈イデー〉による政治的権力闘争の〈精神化〉や〈浄化〉や〈光輝〉について論ぜられるのを、危険な言いまわしとみなす。マイネッケは〈自然な本能からイデーへの成長〉とか〈国民の本能的な生・権力意志の、倫理的と解された国民思想への推移〉について語っている。権力闘争がそのために〈倫理化〉されるとは、とうていおもわれない。肝腎なのは政治的努力ではなくて、〈国家理性〉である。現実にたいする実際的洞察を倫理的理性とむすびつけることだ。正しい理性の使用による権力の自己制御は疑うべからざることであり、政治的にも道徳的にも切実な要求である。が、イデーによる権力の光輝など、疑問におもわれる」。こうした批評を書いたリッターは、当時ハンブルク大学の少壮教授（三七歳）ではあったが、まだ有名教授ではなかった。そういうリッターが二六歳年長のマイネッケを辛辣《しんらつ》に批判しているのは驚きである。

なお、つぎのようなイデー史にたいする警告も傾聴すべきであろう。「この連関において、現代の〈イデー史〉一般の危険について一言しておきたい。私には、現代のドイツの歴史叙述は、権力闘争にたいするイデーの実際的・政治的意義を過大評価する危険に陥っているようにおもわれる。政治的歴史叙述は抽象的な〈イデーの闘争の叙述〉になってはならない。たんなるイデオロギーによって迷わされずに具体的な権力対立にこそ注目しなくてはならない」。マイネッケの二元論やイデー史には、おそらく新カント派のリッケルト、精神史のディルタイ（一八三三〜一九一一）とかトレルチの感化があるだろう。そうした哲学的思考がマイネッケのイデー史を特徴づけるけれど、他面で政治現実の把握に当たって観念的な色合いをおびさせたことも否めない。じじつ、第三の代表作『歴史主義の成立』（一九三三）には瞑想的・諦念的な心境がうかがわれる。この点、リッターは晩年にいたるまで醒めた意識をもち、論争家でありつづけた。

# リッターの九通の書簡

**歴史主義について**　リッターの『書簡集』(Gerhard Ritter. Ein politischer Historiker in seinen Briefen. 1984.) にマイネッケにあてた九通の書簡が収録されている。ありふれたあいさつ状ではない。時に短文、時には長文の、マイネッケにたいする忌憚《きたん》ない批評である。他人にマイネッケの陰口をたたくのでなく、ご本人に面と向かって披瀝《ひれき》する。なんとフェアーではないか。したがってこれらの書簡はリッターとマイネッケとの学問上の対決を知るうえで大切な資料となる。いくつか (九通すべてを「史学雑誌」一九八五年八月号で紹介した) を披露しよう。

第二信 (一九三六年一〇月七日付) は、マイネッケの『歴史主義の成立』(一九三六) をとりあげる。「『歴史主義の成立』が出版社からとどきました。貴下のいかなるご著書も、本書ほど明瞭に貴下の〈個性〉・研究法・窮極の確信の核心をあらわしたものはないようにおもわれます。しかし貴下がいわれるように、シャフツベリはほんとうに歴史主義の開拓者とみなされうるか、私には疑問です。新プラトン主義の流出イデーは歴史的思考と矛盾するようにおもわれます。ゲーテにおいて歴史的思考へみちびく精神史的発展の絶頂をみる決心は、私にはつきません。ゲーテの章にはたいそう感心するにかかわらず、ややわざとらしい、むりな立証という印象を拭えません。ヘルダーの限界もまったく同じです。いったい、一八世紀のドイツの小国家世界において、歴史についての十分な概念がえられるものでしょうか。歴史の領域におけるゲーテの影響よりも、エドマンド＝バークの意義のほうがずっと明らかです。バークの影響なしにはドイツで〈歴史学派〉はほとんどなかったでしょうし、おそらくいかなる〈歴史主義〉も存するのはむずかしかったでしょう。

以上ですでに一般的世界観としての〈歴史主義〉がなにを意味するか、という問いにふれたことになります。個性的全体の相対化的理解、〈硬直した自然法的〉思考・生活規範にたいする信仰の放棄、歴史生活の根本形式としての発展の展開、世界現象の解明をたんに〈因果的〉でも〈機械的〉でもなくて魂の生活の非合理的根底へ直観的に肉薄することによって行うこと、を貴下は決定的とみなしておられる。貴著でのべているこのような歴史的世界観の全体を考察するとき、私は自分でこうかんがえはじめます。私はほんとうにこのような世界観にぞくする者かどうか、と。いずれにせよ私は、貴下が〈自然法的〉として却下される（一三ページ）〈きわめて人間的な理想の不可変性にたいする信仰〉なしには、生に耐えられません。私が学者としての職務を意義深いとおもうのは、〈世界の客観的なものを把握する人間理性の力〉（同）をひたむきに信じるからにほかなりません。同様に私は、正や不正といった概念をたんに規範とみなすことはできません。理性が〈無時間的に妥当な要求へ、真理へみちびく〉といった信仰を、私は無造作に〈誤謬〉（一九七ページ）とはみとめることができないのです。言葉をかえていえばこうです。歴史家は歴史現象との対決において、あらゆる〈理解〉にもかかわらず、最後にはやはり、人間が毎日の生のための闘いを強いられていると同じように、明白な決断へ強いられているのです。ゲーテの態度やランケさえもの態度を、私はしばしば、人間とかれの歴史の途方もないデーモンの回避、とくにこれに目をとじるものだとかんじます。一八世紀の楽天的気分の意味における宇宙の人為的調和化だとおもうのです。昔の〈自然法〉は、〈正義〉が超時間的な規範であること、法と道徳はまったく直接につながっていなければならないということについて、たいへん正しい感覚をもっていました。したがって私には、貴下よりも〈自然法的〉思惟に共感できます。

根本においては貴下と私とに共通の確信を私が述べていないかどうか、存じません。貴下も（三二六ページ）、〈一切の生の最後の絶対的価値と最後の絶対的源泉にたいする信仰〉によって、自己の主観性を克服すべき必要について語っておられます。しかしそうしたゲーテ的信仰や倫理をもってしては、一日たりとも存在しえない、と私は告白します。昔のフランクフルトやゲーテのヴァイマールの平和な時代なら出来た相談でしょうが。貴著のなかで提出された諸問題、たんに学問ばかりでなくて同時に実際生活の諸問題によって、いとも強くおこさせた溢れる心のこのような吐露を、どうかおゆるしください。こうしてかきたてられたという事実から、どんなに多くのことを貴下のご著書が私に意味するかを推察されますように！」

リッターの批判をマイネッケがどうけとめたか、推測の域をでなかったが、幸いなことに編集者がリッターあての返書を脚注のかたちで追加した。

## 「みのり豊かな批評」

「拙著にかんする貴君の迫力満点の、たいへん感動的なご批評は、貴君の精神の活発さと力とを証します。この批評はみのり豊かな批評のひとつです。と申しますのは、ここではわれわれを分かつ窮極の破棄しがたい諸原理があらわれていますから。ただ二、三の点だけ、きょうのところはお答えしたい。貴君と私との相違は、思うにこうなのです。貴君は知的鋭敏をもって精神的な力の作用を限界づけ、しかもいまや過度に限定し切りつめようとされるのに、私のほうは、勝手な現代の直観主義になろうとはせずにいながらこれらの力の作用を認識しようとします。貴君もけっしてたんなる知性人でないことは、私も承知しています。だがここで大切なのは、知性主義と直観主義との微妙なニュアンスであり、移り変わりです。そのばあい、貴君は一方の極に、私は他方の極に傾いています。われわれは資性のそれぞれにしたがっていて、ほかになすすべがありません。貴君の俊敏な知力とならんで私は、さらに貴君のうちに強固な、絶対的なものをえようとする倫理的・宗教的な意志がはたらいているのを見ます。私のように自然法に疎遠ではないという貴君の告白は、そこに由来します。けれども私は、私の生活の確固とした、もっとも高い理想をまったく絶対的で超時間的なものと称する〈理知の犠牲〉をもたらすことはできません。私はそういう理想を、未知の絶対者の象徴とみるだけです。しかしそのさい私は、それらの理想を直接的・絶対的・超時間的として尊敬するときに劣らずそれに義務づけられている、とおもいます。われわれの対立には、われわれの精神生活のゲーテ的正面にたいするルター的正面があるのでしょう。ほんらい両者は調和すべきでしょうが、ドイツの過激主義にしたがってそうはしません。ここダーレムにおいても、ほとんど同じような教会政治上の対立がニーメラーとレーリヒト、ハルナックとカール＝バルトとの対立におこっています。世代の対立もいっしょに動いているのです。私が代表させなければならない純粋な歴史主義は貴君の満足を買いません。ふたたび率直に申せば、私のあの〈理知の犠牲〉をもたらすことはできない。そして〈暗い〉力の源泉を慰めで十分満足しています。ご承知のとおり、私の思考は、歴史生活のデーモンや悲劇的性格に動かされはするものの、それで気持ちをかき乱されずに、しかと見ることを毫も妨げません。」

リッターの批評は歴史形而上学の表現といえなくもなかったが、これに答えたマイネッケの書簡には、悲壮なまでに美しい歴史形而上学が述べられている。ただ、一方は直観主義的・ゲーテ的であり、他方は理知主義的・ルター的な相違がある。この往復書簡を「竜虎相打つ」なんて形容したら、わたくしの年齢《とし》が知れようというものだが、格調が高いといえば、どなたにも異存はあるまい。

## 歴史の意味について

第三信（一九四〇年一月一日付）は、マイネッケの論文集『歴史的感覚と歴史の意味』（一九三九）の送付への返礼だが、長文かつ難解な文面だ。

『歴史と現在』（巻頭論文）は一種の信仰告白です。告白には批判的に反応するのでなくて、自己じしんの告白で反応することができます。歴史思考の相対主義から脱却すべき緊急の必要では、私は貴下と完全に意見を同じくします。が私は、エルンスト＝トレルチ（トレルチの宗教哲学を一九〇八年にハイデルベルクで感激して、また懐疑の念をもって聴講しました）のようなひとの道でも、貴下の道でも、そうすることができません。貴下は永遠なもの、つまり時間と偶然よりも永続きするものを、理想化された過去のなかにも、幻想的に夢みた未来のなかにも求めない。貴下は、宇宙の全体のなかに意義深い全体を認識（あるいはランケの仕方にしたがえば予感）し、そうやって歴史的現実の恐ろしいものについてみずからを慰めようとする一切の試みに疑いを抱かれる。こうして貴下はランケの理神論的信仰を、克服ないしは放棄をしてしまわれた。私は貴下に同意しますけれど、なおはるかにラディカルなのです。貴下はゲーテやドイツ理想主義の信仰に頼っておられる。〈神的なもの〉や〈永遠なもの〉はほんとうに偉大な歴史現象のなかで、すなわち『歴史的生成の流れのあらゆる精神にみちた瞬間やあらゆる精神にみちた形成作用のなかで現実となったのであり、依然として現実となりうる』という信仰です。またこうしてまさに『無常なもののなかでもっとも無常なもの、すなわち瞬間が永遠価値の担い手となりうる』という信仰である。

まさにこの点で私はもはや貴下に同調するわけにまいりません。私にとって、この世の現象の〈永遠性〉だの〈神との近似〉だのは、ますます疑わしくなりました。あの『垂直的な視点』――その助けで貴下はこれらの現象の歴史的相対性をほとんど無効にすることができ、永遠に流動するもの、つねに時代に制約され、したがって時代に限定されたものを〈永遠の相のもとに〉みることができるのですが——そういう『垂直的な視点』は、私には、歴史的思考の故意の放棄、個性的なものの一種の人為的孤立化にほかならぬようにおもわれます。私にとっては、言葉の厳密かつ十分な意味では、歴史生活の領域には永遠のものや神との近似など、ひとつもない。むしろ、歴史的なもの、すなわちまさしく時代に制約されたもの、したがって限定されたもの、つまりあらゆる歴史現象の相対的にすぎないものを明らかにすることこそ、歴史的研究や思考のほんとうの課題です。歴史家がなんらかの歴史的偉大を事象の永遠の流れから孤立させてとりだそうとすれば忽ち、かれにとって歴史的事態の変造という危険がはじまります。貴下は〈良心〉に、歴史家に道の暗闇のなかで指示すべき批判的法廷として、呼びかける。これにたいして私は、肯定と同時に否定の答えをします。肯定と申しますのは、〈良心〉は示唆をあたえることができ、一種の〈本能〉を表すからです。この〈本能〉の助けで私はしばしばおよその方向を推測するのです。否定と申しますのは、それはなんら絶対的に信頼できる標尺ではないからです。歴史的世界はすべて依然として永遠の曖昧の領分であります。偉大なものと卑小なものの、光輝あるものと地味なもの、善と悪、立派なものと恐ろしいもの、高揚させるものと厭なものや意気消沈させるもの、そういう一切合財がほんとうは何を〈意味〉しなければならないかは神のみぞ知る、です。『絶対的な、まったく義務づける性格』（貴論二一ページ）は、ですから『民族、祖国、国家などのような高次の歴史的諸力』には居合わせない。貴下はこれらの『高次の歴史的諸力』に宗教をもあげておられる。だが宗教の本質はまさに、たんに『歴史的諸力』以上のものたろうとすること、正真正銘の超越性、時間における永遠の真実の出現、ということです。

かように正真正銘の超越性からみられた歴史――それはすべての努力の内面的価値低下を、生に疎遠な諦観を、彼岸の世界への逃避を、意味するのでしょうか。そんなことはけっして必然でない、と私はおもいます。その意味するところは、この世の事物に距離をたもつことにすぎません。生のための闘いにおいて一息つく、ということです。じっさい、このような内的距離がないなら、歴史的現実を見つめることはまったく耐えきれないでしょうし、このように一息つくことがなければ、毎日の生のための闘いは、ほこりの測り知れない雲のために息苦しくなるでしょう。歴史的世界が、ルターふうにいえば、神とサタンとのたえざる闘いであるとすれば、歴史家もじぶんの持ち場でこの闘いを共にたたかわねばなりません。歴史的制約、時代の束縛、したがってあらゆる歴史現象の無常を見せるという具合にしてだけ、歴史家はそうするわけではありません。また歴史家は、ランケとともに『諸時期』や『強国』を眺めることにふけるという具合にしてするのでもありません。むしろ歴史家は、力のおよぶかぎり、かれにあたえられた認識手段の助けをかりて、不条理に出会い、卑小にさらされ、真に偉大なものが歴然とするように助力しようとします。一言でいえば、歴史家はじぶんの持ち場においてもサタンの勢力範囲を抑制しようとします。だが歴史家は、あたかも世には現実の最後の十分さ、つまり人間的なものの範囲に〈神との近似〉だの〈永遠〉が存在するかのような幻想をまぬがれています。」

マイネッケの『歴史的感覚と歴史の意味』の第一論文「歴史と現在」と照合しないと、リッターのみぎのような批判も漠然として、読者にリッターの意図が的確に把捉できないであろう。が、少なくとも両者のあいだに架橋しがたい溝が横たわっていることは、おわかりいただけよう。

## 『権力のデモニー』への弁明

第二信と第三信は、じぶんの事は棚にあげての議論だった。ところが第四信は、一九四〇年一月四日付でマイネッケがリッターにあてた書簡（たぶん『権力のデモニー』の贈呈にたいする謝辞。ただし内容は不明）への返書である。ここでリッターははじめて自著を弁明した。「貴翰、ありがとう存じます。拙著の多くの部分、とりわけマキアヴェリの章が貴下のご研究と密接に関連するのは当然です。貴著『国家理性の理念』の、つねに新たに私におよぼす刺激や教えなくしては、拙著はとうてい書けなかったのも、当然です。しかし貴下も、これらの問いがかんがえぬかれねばならない、まさに現代がそう強いる、というご意見でしょう。私の簡略なスケッチを、ご大著と比べようなどとはつゆさら思っておりません。私にはこうしかいえません。私にとってこの歴史的自省はまったく生の必要事だった、私は私のエッセーをほんとうに心をこめて書いたのだ、と。政治・法・国家・道徳に関するあらゆる伝統的概念が動揺している混乱した時代の闇のなかでの、自己方向づけの一片としての歴史的自省、それは不可欠なものです。しかもこうした自省を行ううえで、貴下のご研究がいかばかりわれわれ後進に助けとなったか、貴下ご自身ご承知でしょう。それゆえに私は、個個の点で貴下と論争しようとはおもいません。マキアヴェリの『君主論』第六章に関する私の別の論争については、〈闘争的な〉政治家のタイプをなるべくはっきりさせることがずっと念頭にありました。ですから、この点で貴下の他のご見解にたいしても争いはいたしません」。前言したように、マイネッケはモアには言及していなかった。リッターは欠を補う意気込みでモアの道徳主義をマキアヴェリの政治主義に対比した。そのことで権力のデモニーはいっそうその性格を露呈したのである。

## 問題史と物語史の対立

第六信（一九四二年五月一三日付）は、リッターが『宗教改革および信仰闘争の世紀におけるヨーロッパの教会的・国家的新形成』を贈呈したのにたいしてマイネッケが礼状を送った（ただし内容は不明）ことへの返書である。この返書において一方の問題史、他方の物語史との対立を垣間見ることができる。「イタリアから発したルネサンス運動が、フランスやイギリスでは決定的な影響をおよぼしました。ドイツではさほど大きくはないがやはり重要な影響をおよぼし、北方や東方へゆっくりと消えていった有様をしめすことは、それ自体すばらしいテーマでしょう。私はルネサンスの精神を、後期中世の本質の改造にはたらいた偉大な精神的諸力の第三の力として、簡潔に特徴づけることで満足しなければなりませんでした。偉大な生をめざめさせ戦いをうむ力——それらの戦いのなかから近代ヨーロッパの多くの形態があらわれるのですが——これらが私の叙述のほんらいのテーマです。私はそうした叙述を私のほんとうの仕事とかんがえました。もっと余白があったら、なかんずくドイツの精神生活（デューラーの時代におけるドイツ芸術の比類ない全盛をふくめて）をもっと詳細に述べたでしょうに。私は他日このテーマを補足し、全体を自著として出版したいと念願しています」。一九五〇年に『一六世紀におけるヨーロッパの新形成　宗教改革と信仰闘争時代における教会的・国家的変化』と改題した増補版は、そうした念願の一端を果たしたものだ。一六世紀史のスタンダードな概説、素朴な物語史でなくて、最高水準の物語史となっていることは前言した。

これに反してマイネッケは、学問的出発を政治史叙述からはじめたものの、その後しだいに具体的な政治史叙述から離れ、イデー史あるいは問題史に専念するようになった。じっさい、中年以降には物語的歴史は一篇も書いていない。個人の伝記もなければ一般通史もない。リッターは対照的だった。伝記にも通史にも卓越した力量をしめした。むろん、問題史がないわけではない。『国政術』しかり、『ドイツ問題』しかりだ。『国政術』を完了してから、『ドイツ史』を書く意図すらあった。老いてもなお歴史叙述に執着していたのである。絶倫の精力と満満たる気魄におどろく。

## マイネッケへの感謝

第七信（一九四二年一〇月三〇日付）は、うって変わってマイネッケへの感謝を表明する。「せまい意味での貴下の門下にはいりませんけれど、私は貴下の八〇歳の誕生日に当たって祝賀者となる衷心からの要求をかんじます。いかに長いあいだ、私にとってフリートリヒ＝マイネッケという名は、私の精神生活のまったく本質的な、どうしてもかんがえないわけにゆかない要素を意味することでしょうか！　旧帝国の最後の平和な一〇年に学んだ歴史家の世代のように、私も当時ハイデルベルクにおいて、貴著『世界市民主義と国民国家』がでたことに狂喜したものでした。全然嶄新《ざんしん》な種類の歴史の見方が豁然《かつぜん》としてひらけました。そして今日もなお私の心中で鳴りひびいております。それから間もなく貴著『ドイツの興起の時代』が加わりました。いらい、どの著書も私に、私じしんの思想や研究の新しい、強烈な、時として決定的な刺激を意味しました。とりわけ『国家理性の理念』についていかに当てはまるかは、私の詳細な書評からのみならず、多数の書簡による思想交換や私じしんの新しい研究からご承知でしょう。まさに現代史の最後の一〇年間の共通した体験は、以前よりもなおはるかに近くお互いを学問的にも人間的にもひきよせました。私は歴史学の根本問題に関する貴下との書簡による討論を、私にとって私の文通のもっとも貴重なものに数えています。たしかにそのさい、私たちの根本的見解や意見の多くの相違も意識するようになりました。が、ちがった出発点にもかかわらず見方の共通性を知って、どんなにか強い喜びにおそわれたことでしょう！　なかんずく貴下の学問的質問にたいしては限りない感謝の念を抱きます。貴下をお手本として努力すること、貴下の『国家理性の理念』を、もし私にできれば、近代ヨーロッパ国家の歴史的・精神的観察にひろげること、それが私の生涯の仕事の最高かつ最後の目標として念頭に浮かびます。『HZ』の生誕記念号への私の寄稿は、この途上の小石《こいし》のはずです。こうした共通の人生目標の拡大された意味において、私も貴下の弟子として、貴下の開拓者的人生観の『後継者』――フライブルク大学の講座においてのみならず――として謝意を披瀝《ひれき》させていただく次第です。」

## ランケの史観について

第八信（一九四三年二月一八日付）は、マイネッケから『歴史のための箴《しん》言《げん》と素描』（一九四二）を贈られたさいの返礼であるが、返礼にかこつけて自己の歴史を述べるのはいつもの伝だ。文面は短いけれど、ランケの歴史観にふれているのが注目をひく。「この新しいご研究を拝見して、貴下のご思想にずっと近づいた感です。貴下はここでついに貴下の万有在神論的なゲーテ信仰の大きな一部から立ち去られたかのようにおもいます。道徳的意識と再三きわだって矛盾するようにおもわれる世界の出来事についての貴下のご見解に、私はほとんど無条件に同意できます。まったく同様に私はささやかなランケ論でランケの歴史思想との私じしんのへだたりを記しました。その論文（一九三六年の「ランケ記念」をさすのだろう）で述べたことを呈示したいと存じます。ランケの世界観はけっして真正なルター主義ではなくて、一八世紀の理念世界の余響をうけた、啓蒙化されたキリスト教です。そこでは神は、畢竟《ひっきょう》つねに愛すべき、なべてのものの父としてあらわれており、ルターの〈隠れた神〉としてあらわれてはいません。ところで注意すべきことは、貴下も弁神論の思想にたいして疑いをもたれながら、ランケの宗教性をキリスト教の宗教性と全然同一視しておられる。貴下が語られる〈弁神論の慰め〉は、私にはまるきり当たりません。しかも私はそれはルター派キリスト教徒にも同様に何ものも意味しない、とかんがえます。私にとってもつぎのことはなんら疑いをいれません。すなわち、われわれの学問的認識は、世界史の合理的連関をのぞき見ることはまったくできないこと、われわれは学問的道具の使用に当たってなんらの超越的信仰も要しないこと、であります。キリスト教的信仰はむしろ冒険、それどころか途方もない〈にもかかわらず〉です。これはひとつのパラドックスです。しかしこのパラドキシカルな信仰なしには、私は歴史の意味にもう絶望せざるをえません。」

留意していただきたい。なるほど、リッターはランケ史学に傾倒した。しかしランケの政治史叙述を踏襲するつもりはなかった。まして、歴史のいとなみに「神の指先」をみるとか、国家を「神の思想」とみるなど、おもいもよらなかった。それどころか、ランケの楽観的歴史観をきびしく批判した。あくまでも醒めた意識の人だった、リッターは。

## ナチスへの対応の違い

最後の第九信（一九四六年九月一〇日付）は、マイネッケから贈られた『ドイツの悲劇』（一九四六）について感想をしるす。「貴著をこの上もない興味をもって拝読しました。この贈りものに満腔の謝意を申しあげ、同時に、貴下が精神の限りない混乱のなかにあって、歴史的自覚のための最初の道しるべとしてドイツ民族にこの書を送られた、いささかも新鮮さを失わぬ精神にたいし、三嘆すると申してよろしいでしょうか。私にとって、今日くらい、現代の歴史の大きな国民政治的使命が意識されるようになったときはありません。もちろん、この使命の途方もない困難も。私はこの点について小著『教育力としての歴史』で意見を開陳いたしました。出版社から送らせましたから、たぶんお手許にとどいたでしょう。歴史家が、一方では歴史思考の連続性を確保し、もろもろの伝統の恐ろしい断絶のために政治的・道徳的絶望の完全なカオスが生じないようにすること、他方では、硬直した保守主義なしに現実的な新しい開始をすすめる手助けをすべき必要をしめすこと、がいかに重要でしょうか！　貴下がご高齢の身でありながら精神の活発を保持して双方の使命を全うされることは、私を感謝と驚嘆の念でみたします。そのさい、深い苦悩をもって私たちの共通の友ヘルマン＝オンケンの早すぎた老化と死に思いを馳せないわけに参りません……。宗教改革史を私はしばらくやめて、一八九〇年の時期にとり組みます。目標は、一方では二巻の『ドイツのミリタリズム』の完成ですが、その第一巻は逮捕直前に完成されました。他方では『ナチス時代の歴史』の準備で、そのために材料を蒐集中です。」

リッター

ところで、マイネッケの『ドイツの悲劇』とリッターの『教育力としての歴史』が一九四六年という同じ年にあらわれたのは、偶然の一致ではあるまい。『ドイツの悲劇』は、ナチスがいかにして政権を獲得するにいたったか、なぜ阻止することができなかったか、ヒトラー主義とはなにか、なぜそれは断罪に値するか、などの問題について考察している。ヒトラー主義がかなりのページをしめるのは、マイネッケに鬱積するものがあった証左であろう。これに反して、リッターの『教育力としての歴史』においては、ヒトラー主義への言及は意外に少なく、二、三箇所しかない。リッターのほうがナチスから実害をこうむったはずなのに。わたくしの考えでは、八四歳の歴史家は過去回顧的だった。じじつ、『ドイツの悲劇』は「考察と回顧」の副題をもつ。リッターの書はむしろ未来展望的であって、「新しい歴史的・政治的自覚のために」という副題が示唆する。もちろん、未来展望は過去の反省のうえに立つべきことは多言を要しない。が、ドイツ史学を今後どのように再建し発展させるかが、より大きな関心事であった。ナチス時代の回顧反省をしなかったのではなく、満を持した。そして数年後に矢をはなった。『ゲルデラー伝』がそれである。

以上、数通の書簡をとおして二人の巨匠の思想交換をみた。歴史のきびしい風雪をしのいだ両巨匠の肉声をききとることができたことは、筆者にとってなによりの喜びであった。

# Ⅵ　リッター史学の方法と使命

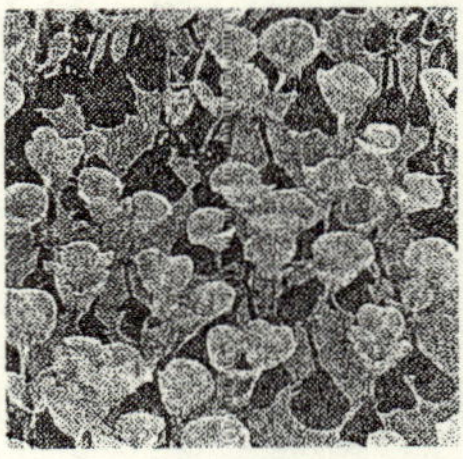

# リッター史学の方法

**三つの資料**　終章においてリッター史学を総括したいが、リッターは歴史方法論を語ることはめったになかった。論争のなかで歴史学の方法にふれる羽目になっても、つねに具体的な叙述に即した論議である。その点で、㈠「科学的歴史の今昔　考察と思い出」（HZ、一九六六）、㈡「科学的歴史、現代史及び〈政治の科学〉」（一九五五、拙訳、未来社）、㈢「現代歴史叙述の問題性について」（一九五五、岸田達也訳、創文社）の三篇はめずらしく、それだけに重要である。

**「科学的歴史の今昔」**　「科学的歴史の今昔」の冒頭でリッターはこういう。「私がここで述べるのは、科学的歴史のいまや六〇年にわたる研究の終わりで、歴史学の変わりはてた情勢や将来の展望について一老人が行う考察である。私が第一次大戦勃発の八年前に歴史研究をはじめたとき、ドイツ歴史学は活動の頂点に立っているようにおもわれた。ランケやニーブールによって基礎がつくられ、モムゼンや多くの他の重要なひとびとによってさらに発展をとげたドイツ歴史学の方法は、世界中で模範とされた。ドイツの歴史ゼミナールは近代の科学的歴史研究の教習場となった。とくにイギリス、イタリア、アメリカ、日本や他の多くの国ぐにおいて。しかるにこんにち、ドイツの歴史《ヒストーリエ》は、外国では、しばしばその方法の或る陳腐、とりわけ時代おくれの〈国家統制〉や一面的で理想主義的な歴史解明への融通がきかない固執、を非難されている始末だ。歴史が用いる装置は、アメリカやイギリスともはや比べものにならない状態である。私の大学教師の世代は、しかしなお科学的かつ政治的自信の雰囲気のなかで生きていたけれど、そうした自信はこんにちとっくに失われてしまった。……私の大学の先生たち、ハンス＝デルブリュック、ヘルマン＝オンケン、オットー＝ヒンツェ、マックス＝ヴェーバーのような政治現実に近い先生も、『世界強国』へのドイツの興隆を信じていたものだ。そしてたいていは、ビスマルクによって建設された帝国の君主政的・立憲的統治体系をもっとも危機がない国だとみなしていた。ビスマルクの帝国建設が可能にした国民運動の躍進にドイツの歴史叙述は強く関与した。だが世紀の変わり目いらい、歴史家たちは、一面性とゆがみをはっきり意識するようになった。そうした一面性とゆがみは、（ジーベルとトライチュケの時代の）会社乱立時代《グリュンダーヤーレ》のプロイセン的・国民的・自由主義的歴史像がもたらしたものだった。そこで新ランケ学派は、とりわけマックス＝レンツによって宣伝されて、もはや国民的に狭隘《きょうあい》化されない世界的な歴史像をもとめようとした」。ところがこうした回顧は、すすむにつれて現代歴史学批判に変わってゆく。過去回顧にふけることを好まぬリッターの性格があらわれている。現代歴史学批判はのちほど見よう。

**「科学的歴史」**　「科学的歴史」は、国際的機関誌「歴史と理論」（一九六〇）に英文でも掲載され、国際的な評価をえた論文だが、劈頭《へきとう》から論争調をおびる。「われわれの世代の歴史意識が陥っている重大な危機は、現代の精神的特徴であります。ふたつの世界戦争の時代、すなわち新しい全体主義的国家組織や、技術の迅速な発展によるいっさいの生活状態の革命化、の時代におけるあらゆる歴史的伝統の突然の断絶は、歴史的考察や歴史的研究の価値を世間一般にたいして疑わしくしました。が、専門史家のあいだでも、あまたの疑問がおこっています。はげしい、往往にして熱烈な批判が科学的歴史の伝統的な研究作業について行われています。ほんとうの重要性のない枝葉末節の問題に夢中になっている研究の退屈な屁理屈や、生活と無関係なこちたき専門主義について世人は語ります。世人は、無数の分散した個別的研究の概観がないのを嘆きます。なかんずくしかし、科学的歴史が生の助言者として、つまりわれわれの現在やその歴史的立場の解釈において、われわれの最近の、無意味とも恐ろしいともかんじられた過去の精神的克服において、われわれをとり巻く生活圏や、したがって同時に未来の暗黒の解明において、役にたたなくなったと不平をならします。いちじるしく実用主義的な特徴が、このような現代の批判においてはいたるところにあらわれています」。この歴史の実用主義的特徴についても後段で見ることにする。

**「現代歴史叙述」**

一九五五年にローマでひらかれた第一〇回国際歴史学会議で行った報告の一部で、論文集『生ける過去』に再録した。「〈文化史〉の問題性について」と「歴史の時代制約性と客観性」の二篇から成るが、ここでは第一論文をとりあげる。リッターが歴史理論家である前に歴史叙述家であったことは、すでになんども注意した。歴史叙述家とは、平たくいえば歴史上の出来事とか人物を語るひとのことだ。とうぜん歴史の物語性とかドラマ性が重要視される。『ヨーロッパの新形成』の序文ではっきりこう述べている。「私の叙述の意味と目標は、副題によって示唆され、緒言中で略述されている。肝腎なのは、国民史のたんなる並列ではなくて、壮大な総過程である。すなわち、精神的‐宗教的・政治的諸力の格闘における近代ヨーロッパの生成である。このドラマそのものを明白にすることが私にとって重大だった。この主目標には、政治史と文化史との、物語と描写との関係も応じなくてはならなかった。世紀の原動力となった精神的および経済的・社会的諸力が、その本質を闡明《せんめい》されるべきであった。しかしなかんずくそうした諸力の影響、その生きた運動が報告されるべきであった」。本書がこんにちまだ多くの読者をえているのは、そうした物語性やドラマ性が江湖の要望に合致しているからにほかならない。

ところが、たまたまフランスの「年報《アナール》」派、すなわち社会経済史学の雑誌「年報」の指導者であるフェルナン＝ブローデル（一九〇二～八五）、リュシアン＝フェーブル（一八七八～一九五六）、マルク＝ブロック（一八八六～一九四四）などが、「物語史」「事件史」にたいして「構造史」をとなえた。このアナール派の影響のもとで西ドイツの歴史家までが「構造史」「社会史」に血道をあげる有様となった。こうした状況にあってリッターは、事件史の重要性を説く必要をかんじた。この点は後段でもう一度とりあげる。

## 歴史の科学性とは

以上三つの資料にもとづいてリッター史学の方法を掘りさげよう。順序を変えて(二)からみる。リッターはいう。C・A・ビアード（一八七四～一九四八）のようなアメリカの指導的歴史家は、ランケの純粋な認識努力を世事にうとい似非《えせ》知恵とけなし、おとぎ話みたいな「象牙の塔」における学者の自己隔離をあげつらい、自己目的としての歴史科学については耳を傾けようとしなかった。そのかわりに彼らは、あらゆる科学的研究の実際的効用を要求した。科学的研究は社会や政治の進歩を助けるべきだ、具体的にいえば、アメリカ民主主義の生活理想を支持すべきだ、というのである。新しいアメリカ仕込みの「政治の科学」が歴史研究からおこり、この「政治の科学」は現代史や過去の現実化への衝動を促進する。政治行動の合理的組織を提供するとか、政治的生活状態の合理的解明によって実際生活に有用になろうといった目標をおくかぎり、歴史を生にたいして直接に奉仕させることができる、というわけだ。

リッターも現代歴史学のスコラ主義をみとめるに吝《やぶさ》かでない。かれじしん、一九四五年来、伝統的な、無味乾燥な研究作業を批判し、歴史像の修正につとめた。「しかし、歴史の軽率な一面的な現実化の危険や、じっさいに役にたちうる歴史の能力の限界を熟考してみる必要がある。」なぜなら、生に作用しうるためには、歴史はなかんずく現実的科学でなければならない。たしかに歴史は、生そのもののたんなる反射以上のものでなくてはならない。すべての生衝動に左右されずに獲得されて効力をもつような歴史的真理認識がないなら、歴史はわれわれの時代の生活危機の精神的克服になんら重大な寄与をはたすことはできない。それゆえにわれわれの論議はつぎの問いではじまる。「歴史は一般に科学であるかどうか、またなぜそうなのか。いいかえると、歴史は厳密に証明しうる、それゆえに普遍妥当的な陳述に達しうるかどうか、またどの程度までそうなるか」。ところで、歴史が一般に厳密な科学として基礎づけられるようになったのはランケ以来だが、ランケの「客観性」はしばしばたんなる中立のように誤解されてきた。だがかれの場合、中立的な無関心ではけっしてなかった。かれの「客観性」はかれの歴史像の普遍性に由来した。つまり、なんらかの特殊な関心とか特定の精神的潮流とか、なんらかの歴史時代にたいする束縛から自由でいようとしたのである。科学的歴史の最高使命は、ランケによれば「この粗野な、はげしい、乱暴な、善良な、高貴な、静かな、この汚れていながら無垢《むく》な被造物のありとあらゆる行為や悩みを、それらの発生や形態において理解すること」にほかならない。ここに歴史的客観性の第二の特徴がある。

　科学的歴史は、なによりもまず理解しようとする。判断は二の次である。科学的・客観的歴史は、留保や先入見なしに、原則としてすべての歴史現象の特殊性を正しく評価することでなければならない。このような理解を行うことができれば、歴史家は最善をつくしたことになる。自然科学的研究の意味における研究成果の厳密な証明力を欠くだけに、いっそう歴史家は慎重に判断する要がある。それゆえに歴史叙述は、科学的な歴史叙述でも、つねに解釈のこころみでしかない。かような解釈のこころみの正確さは歴史の「現実」で再検査されねばならないなどというのは、しろうとの謬見《びゅうけん》だ。歴史を叙述することは、ネーミアー（イギリスの歴史家、一八八八～一九六〇）がいったように写真をとることではない。むしろ、ある個個の特徴をひとつの全体で組み合わせることによってはじめて像を創造する、画家の創造活動になぞらえることができる。これらの個個の特徴がもうすでに、かれの主観的推測のなかにあるのではないか。だが、歴史家の主観が決定的な役割を演じるとすれば、いったいなにが科学的歴史叙述家の活動を、歴史について得手勝手な小理屈をこねる文士の活動から区別するか。歴史家の科学性とは、はじめは無形と見えるものでも、やはり偶然的・無形ではなくて真相をかくしていることを確信する謂《いい》である。いかなる偏見によっても妨げられない用意と、そこから生じる史料への倦《う》まざる批判的研究に、歴史家の「客観性」や科学性があるる。歴史の真実をえようとする歴史家のたえ間ない誠実な努力から、確実な結果が、また解釈が生じる。むろん、歴史的認識の解明や確立のこうした過程は、極度にゆるやかにおこるものだ。そのため、せっかちな人は、そんな種類の不確実な認識が現在の困難の解決に寄与するか、と問うかもしれない。しかり、客観性を熱望した歴史学は、現在にたいして有力たりうるのだ。第一に、がむしゃらに打ってかかることが効果的行動に必要だというのは、おそらくニーチェ（一八四四～一九〇〇）の生の哲学に由来する、根本的にまちがった考えである。いかなる現在も歴史的構造からのみ理解される。現在の歴史的構造分析が現代歴史学の唯一の課題ではないにしても、きわめて本質的な部分をなすことは疑いない。ランケにおいてすでにそうだった。過去とのたえざる折衝のないようないかなる政治運動も行われない。歴史は自己の由来や本質にかんする人間の自覚にほかならないが、これこそあらゆる高い文化の不可欠な機能なのである。このように科学的歴史は、まず理解し区別し、真相を多くの伝承から批判的検討によって探求しようとするときにのみ、有用となる。ほんとうに有用なのは冷静な現実の認識である。だがこうした態度は、「臆病な中立」を意味しない。すべてを理解することはすべてを是認することではないからである。

### ニーチェとの対決

リッターは「がむしゃらに打ってかかることが効果的行動に必要だというのは、おそらくニーチェの生の哲学に由来する、根本的にまちがった考えである」といい、その前のところで現代の政治科学があまりにも性急に歴史学と現実の生との結合をもとめることを戒めた。じつをいうと、いま紹介している「科学的歴史、現代史及び〈政治の科学〉」が発表されたとき（一九五八）から二〇年さかのぼる一九三八年に、リッターは「歴史と生——ニーチェと現代の生の哲学との対決」（Historie und Leben. Eine Auseinandersetzung mit Nietzche und der modernen Lebensphilosophie. 現在は『権力の倫理的問題』に収録）と題する論文を書いた。一九三八年といえばヒトラー体制の真っ最中である。こうした時点でニーチェとその生の哲学にたいして反論したのは、真意はニーチェにかこつけてナチズムを批判することにあった。ナチズムはニーチェを悪用した。悪用される因がニーチェにまったくなかったといったら嘘になるかもしれないけれど、ナチズムはニーチェが説いた超人説とか権力への意志、反キリスト者やニヒリズムを自己の宣伝に巧みに利用した。そうした事態をリッターは黙視しえなかったのである。つまり、この論文も反ヒトラー抵抗の意図を秘めていたことに注意しなければならない。要旨は二〇年後とほぼ同じである。

「現代の歴史科学、とりわけ政治史は、再三、生活実践にたいする意義はなにかという問いをつきつけられている。政治史は当今の生活に役だたねばならぬことが、激しく要求されている。歴史学はヒューマニスティックな『教養』の事柄であってはならない。共同社会にたいする奉仕でなければならない。無前提な学問などというものは存在しない。『歴史的客観性』は不活発な学問のしるしだ。偉大な歴史はつねに政治的・実際的課題に役だった。近代の歴史家では、モムゼン、トライチュケ、ドロイゼンがそうだ。」リッターはこうした要求はすべて、多かれ少なかれニーチェやニーチェからみちびきだされた生の哲学に源を発すると指摘する。そこでニーチェの『生にたいする歴史の利害』を引用しつつ、歴史学にたいして性急に生活実践を要求するのはまちがいだ、という。現代の生の哲学者が歴史的神話を愛好する（リッターのあたまにはナチスのイデオローグであるアルフレート＝ローゼンベルク〔一八九三～一九四六〕の『二〇世紀の神話』〔一九三八〕が浮かんでいたにちがいない）のも、歴史学からはとうてい容認することができない。歴史的神話は代用歴史であって真正な歴史ではない。リッターによれば、そもそも生は科学的認識によってこそ形成されるべきものである。科学的認識とは現代の歴史的機構分析にほかならない。いかなる効果的な政治行動も歴史的連関の理解なしには不可能である。歴史的連関の理解こそ、あらゆる科学的歴史研究と歴史叙述のほんらいの課題である。真の歴史はすべて理解的歴史であって、ニーチェの歴史考察のひきつったような一面性は、何ものをもしるさない。しかしすべてを理解するということは、すべてを是認することではない。政治的・道徳的判断をあきらめることではない。学問的洞察はつねに批判的洞察だ。批判的洞察は、偉大なものや崇高なものと同じように卑小なものや浅ましいものをみる。歴史的にあたえられたものへの洞察によって意志が弱められることを、なんら恐れる要はない。リッターはこうした持論を、ナチス時代の体験をふまえ、またそれによっていっそう確信をえて、二〇年後にくり返したのであった。

**歴史的考察と社会学的考察**　本論にもどろう。では、現代の困難にらちを明けるのに歴史学はなにを貢献するか。リッターは答える。歴史学は現実をいっそう明らかにみることを教えるべきである。沈着な洞察をひろげるのを助けるべきである。自己決断は行為者の問題であって、観察者の問題ではない。歴史家の目は過去へ向けられているのに、行為者の目は未来へ向けられている。ところが未来はつねに五里霧中だから、行為はつねに冒険であって、科学的洞察をこえる。現代の「政治的科学」がこころみているような、歴史的考察と社会学的考察との結合は、政治的行動の目標を立てることができるまでに未来の暗黒を見抜くことができる、とかんがえている。もし科学がこのようなやり方で政治家の重い仕事を軽減できたら、どんなに幸せだろう！　けれども、いかなる範囲で政治生活は一般に合理的に貫徹され形成されるのか。そうではなくて、歴史生活は、どうしても脱却できない運命的な暴力へ人間がたびたびまきこまれ、人間が合理的解決は存しない未来にたいする疑問をたびたび課されているように見える。行動にたいして直接の助言をあたえようとする歴史家は、かえって自己の使命にもとる危険に陥る。では、歴史家の使命とはなにか。すべての歴史現象の一回かぎりの特殊性を明らかにしめし、かかるものとして説明することだ。とはいえ、歴史の考察者にとって、この特殊性を看取し、以前の状態や経過と現在のそれらとの類似を評価し、かくして過去の経験を直接に現在のために役だたせることほど、大きな誘惑はない。歴史の経験からなにかを学びうるという希望はきわめて自然なのだ。それというのも、一切はたんにたえず変化しているのではない。政治的技巧や人間心理のある根本状態、社会的集団形成のある典型的な根本構造などは永続的なものだ。それらのなかに政治的科学あるいは政治の科学の、もっともやり甲斐のある研究領域がある。外的状態の同一は、人間共同生活の特定の経験もくり返すという結論をもたらす。もちろん、このような命題は無条件に述べてはならない。およそ歴史には、計算できる要素と計算できない要素、自然や人間意志、理性や偶然、洞察や情熱といった無数の要素がともにはたらいているから、いかなるものでも確実に予言はできないし、歴史家もしくは政治的科学者は全体を十分に概観することもできない。したがって類推を行うに当たって科学的歴史は慎重でなくてはならない。

現代においてはとくにそうだ。一九世紀では歴史は、生活が当時はわりと恒常的に発展したから、これに応じて歴史思考においても「発展」という概念がなお重要な役割を演じた。こんにち、こうした概念をもってしては混沌とした世界を秩序づけるに十分でない。二度も大地震がわれわれを襲ったため、完全に新しい世界が発生した。「歴史的発展」なら、ある程度予見できよう。が、われわれの世代が体験したものは、だれも予見できなかった。完全に新手のものだったばかりか、しばしばまったく期待しないものだった。その結果ひどい誤解が生じ、歴史および「政治的科学」にたいする公然たる信頼を（とりわけアメリカにおいて）動揺させた。以上すべてから、科学的歴史が現代に近づくが早いか、どのような危険と困難に遭遇するかがわかるだろう。多くのものがわれわれの目に隠されていて、後日やっと姿をあらわす。こうした誤解は政治の領域におけると同じく、歴史の領域においてもやまないであろう。こんにち、大衆デモクラシーとアメリカニズムの時代にあっては、非常に熱心に、国家機密や官の記録が公衆にもたらされているにもかかわらず、われわれに現実の確かな認識の保証をあたえてくれない。なぜなら、ある時間的距離がなければ、歴史的経過の全貌を概観することは不可能だからである。わかい世代の多くの代表者が、無造作に現代史研究をもって判断の確実性や世界的視野の広さがえられるものと信じているが、はたしてそうだろうか。

われわれの時代の歴史的経過の概観は、世界史の舞台の果てしない拡大のためにはるかに困難となっている。ランケの歴史叙述の世界主義は、根本においてはヨーロッパにかぎられていた。こんにちは、アメリカのほかに極東―アジア、東南アジア、インド諸国が政治の積極的な共演者となっており、アラビア世界はまさに世界政策上の関心の焦点となった。これらの異なった国家や文化の歴史的特質を正しく評価することは、並大抵の苦労ではない。そこで研究は、専門家の共同研究の傾向をしめしている。しかし共同研究というものは統一ある全体像を形づくることはできない。いまひとびとは歴史の過剰とか「歴史からの訣別」について千万言を費している。だがそれらの大半は文士の修辞にすぎない。「科学的生活は、発展するためには多くの時日を――多くの平和な静穏を必要とする。政治史が二つの世界戦争のあらしのもとで多大の損害をこうむったこと、しかもたえ間ない〈冷たい戦争〉の薄明のなかで苦心惨憺《さんたん》しながら自己の道を見いだすことは、なんらふしぎではない」とリッターは結ぶ。

**理論的考察を実例で裏づける**　歴史学の実際的効用とか客観性の意義、歴史的洞察の必要性などに関してリッターは根本においてはランケの歴史観を踏襲していることは明瞭である。そのかぎりで古いといえなくもない。しかし旧套《きゅうとう》を墨守するものではなくて、現代の新しさに十分着目していたことも明瞭である。ただ、歴史的考察と社会学的考察とを軽軽しく結びつけようとする現代歴史学の傾向に危惧《きぐ》を抱いているのである。しかもかれは理論的考察だけで能事終われりとはしない。理論的考察を歴史上の実例で裏づける。紙幅の都合で一例だけあげよう。

プロイセンの歴史の最重大危機のひとつは、一八一一年の危機であった。ナポレオンに敗北し、国土を寸断されたプロイセン王国は、つぎのような問題に直面した。プロイセン王国は、ただ一人の友で一八〇六年の戦争同盟国であるロシア皇帝にそむいて、ナポレオンの要求どおり、フランスとの戦争同盟を承諾すべきであろうか。それとも、ナポレオンに反抗して、そのため確実な破滅をひきうけるべきであろうか。この問題は、当時政治家や軍人を大いに悩ませた。しからば政治的科学がこうした絶望的局面において、確実な助言を知っていたか。あるいは、政治的科学はわれわれに、こんにち原子力武装の問題に関してかような助言をあたえることができるだろうか。過去の経験に学びうる実例はある。第一次大戦の経験からドイツ人は、ドイツの政治的勢力拡張には狭い限界があることを学ぶことができたし、学ぶべきであったろう。フランスにおける一八一五年以後の王政復古の経験は、放逐された君主政は世論においてふたたび地盤をうることが困難なことを教えた。ヴァイマール共和政の悲しむべき経験は、ドイツの議会政治をもっと堅固にし、少数党の台頭を妨げるべきことを教えたはずだ。しかし、これらの命題は無条件に述べられてはならない。というのは、過去の経験がかえって仇となる場合も多いからだ。兵器技術のすべての改革にもかかわらず、昔の戦争の経験に軍人がかたくなに固執したことが、二度の世界戦争においていかに無益な流血、戦術的失敗をもたらしたかは、信じがたいほどである。二〇世紀の二〇年代における陳腐なヘゲモニー観念への固執が、ヨーロッパの合理的な新秩序をいかに妨げたかは、だれでも知っている。アメリカにおいてたくさんのひとびとが、連合ヨーロッパがかつてイギリスの一三州植民地の連邦と同じく安安と建設できるにちがいない。自分たちの民主的制度はかんたんに全世界の有色植民民族に移植できる、と信じているのも同じ筆法だ。だからこそ、類推するに当たって科学的歴史は慎重でなければならない、とリッターは結論する。

以上の論議においてもリッターはポレミックであって、現代の歴史家を片っぱしから批判する。いちいち紹介できないから、前章でマイネッケとの対決で表現された歴史主義の問題だけを例にあげておく。「ディルタイやトレルチ以来行われるようになった〈一切を相対化する歴史主義の腐食的な毒〉（マイネッケ）についての訴えは、もう時宜をえていない。こうした訴えは、私が正しく理解するなら、歴史的思惟体系の考察に関して独自な体系的な哲学的思索への力を失ってしまった哲学の窮地から、また、その最古の信仰箇条の絶対的真理要求が宗教史的考察のために脅かされている神学の窮地からおこったものである。むろん、ある意味ではディルタイの歴史的相対主義をなおはるかに上まわるような〈永遠の真理〉の過激な否定は、現代の哲学的流行のひとつである。そして歴史家が〈歴史のもとに理解するものへの通路をふさぐ人間の自己決断の歴史性〉といった概念も、現代の流行のひとつだ。こんにちでは、昔の歴史的教養財の過大評価に代わって、反歴史主義的風潮がみられる。この反歴史主義は、実践的生活決断の具体化のためには歴史的自覚が欠くべからざるものだということをみとめず、超時代的な、いかなる歴史主義によっても脅かされない偉大な文化創造物の効力持続にたいして、もはや正しい感覚を育成しない」とリッターは断じる。ともあれこうしたポレミックのゆえに、論議には活気がみなぎる。

### 事件史と構造史

「〈文化史〉の問題性について」では、フランスのアナール派との対決が展開され、この対決によってリッター史学の方法が浮きぼりにされる。アナール派がフランスの実証主義的歴史叙述に挑戦したのが、事のはじまりだ。彼らは政治的出来事の歴史をたんなる表面的叙述（出来事の歴史つまり事件史）として槍玉にあげ、それにたいして歴史的連関のよりいっそう深い把握を対立させた。主として経済的生活過程が決定的な歴史過程である。別にいえば、「社会」である。「全体としての人間社会の認識、解明、解釈」である。そのために彼らは「事件史」に「構造史」を優先させる。ところでリッターは、アナール派のこうした主張を正当とかんがえる。というのは、政治史と文化史との結合は原則的に承認されているとはいえ、たいていの歴史家はその結合を、満足できるやりかたで実行できないでいるからだ。その点アナール派は、経済史、社会科学（宗教、哲学、文学、美術、音楽など）、高度の精神生活の歴史を総合的にとらえようとしている。だが他方でリッターは、アナール派の研究のしかた、すなわち共同研究に根本的疑問をもつ。「歴史家の真に独創的な業績は、結局のところつねに、ただ孤独においてのみ、すなわち、その史料への静かな長い沈潜においてのみ成立する。しかし、よく組織された共同作業は、確実な史料群のたんなる収集と外面的整理以上であることはできない。そこからもっと多くのことが期待されるならば、やはりふたたび一切が細目に分解し、人手を経て提供された素材のひどい誤解が避けられないのである」。そうはいっても、学際的研究とか共同研究はいまや滔滔たる勢いであるから、こうした疑問に即座に賛成するひとは少ないかもしれない。だがアナール派の研究のしかたよりも重要なのは、彼らが「事件史」に「構造史」を優先させた点である。

リッターによれば、経済的・技術的成果や人間の社会形成の形態は、高度の精神生活の所産とまったく同様に、人間の文化創造にぞくする。とりわけ、法形式や公共の秩序や国家などの創造がこれにぞくする。ただ、経済的・社会的生活と政治活動とは、純粋な精神の創造よりはるかに密接に時間にむすびつけられている。経済形態や社会的・法的・政治的諸制度は、なるほど事情によっては非常に長い寿命をもつことがありうるのであって、とりわけ経済形態はそうである。しかし、それらは、たとえば偉大な芸術の創造のように、ただちに時間を超越した妥当性を要求することはできない。まさにそれゆえにこそ、それらは歴史研究および叙述のほんらいの対象なのである。「じっさい、歴史を〈自由〉の王国として、また、文化を創造する人間精神の舞台としてみる者は、静的ではない動的な歴史観よりほかのものを主張することはできない。歴史は、つねになによりもまず〈出来事〉にかかわりあうものである。」

**出来事としての歴史の重要性**

「歴史は、巨大なドラマの推移や〈事件〉と〈発展〉や、したがってまた非常に活気ある動きなどについて語るように、過去について物語る。そのことは、とりわけ政治史について当てはまる。なぜなら、永久の権力闘争を伴う政治的出来事は、時間にとりわけ密接にむすびつけられており、それは、まったく一回的であって、ただ純然たる日日の出来事だけから成りたっているからである。政治的出来事は、したがって徹頭徹尾、無常の事柄である。それゆえ、政治史の古典的形態は、なんといってもあくまで物語であって、分析ではないであろう」。だがこのことは、政治史は政治的出来事のたんなる移り変わりとして物語られねばならぬということを意味しない。もしそうなら、政治史は、個別をその的確な連関にもたらすという歴史学のほんらいの課題さえも果たさないだろう。こんにち、政治的出来事の歴史をたんなる「表面的歴史」として排除し、その代わりに社会・経済史を歴史的関心の中心に押しだす傾向がこれほどに広く存在することは、政治的現実の見あやまりを意味する。たしかに、こんにち、政治的出来事の歴史的理解にはまったく本質的に経済的・社会的事情の研究も必要であり、その研究に一切の政治がもとづき、また、あらゆる政治家は、みずからの仕事を成功にみちびこうとするならば、経済的・社会的事情を顧慮しなければならない、ということにだれも異論を唱えないであろう（かつて学生時代にグスターフ＝シュモラーを聴講したリッターは、経済史や社会史の知識が歴史家にとって不可欠であることを教えられたはずだ）。同様に、非常にしばしば物質的利害が政治的イデオロギーやスローガンの背後にかくれ――往往にして無意識的にすら、あるいは半ば意識的に、それらに協力している、ということにも異論を唱えないであろう。また、こんにちだれも、もはや、よろこんで「道義的理念そのものの実在」としての国家に関するヘーゲルの理想主義的学説をくり返したり、あるいはランケとともに、近代国民国家を、「現実的でしかも精神的な実体」、「神的イデー」の権化として、国家の権力闘争が直ちに「道義的諸力の対抗」と見るほどに、聖化したりしないであろう。しかし、近代国民生活において政治的なものがもつ第一級の役割について、なんら錯覚をおこさないということは、歴史家の冷静な事実感覚にぞくする。

もちろん、政治的生活にはあらゆる種類の経済的拘束や集団的利害が混入している。またむろん、類型的な、たびたびくり返されるこの種の現象や効果があり、それらの発見や解釈には社会学的理論も大いに役だちうる。一定の地方の選挙統計とか議会団体の社会学的解明とかに。同様にフランスで近ごろ大流行の物価や賃金、またそれらと政治的危機との関連にかんする研究も、一定の認識価値をもっている。残念なことには、その価値が非常にしばしば過大評価されている。そして、もし歴史家の関心がそのような研究によって大政策の中心的問題から――すなわち、政体、政治的権力目標および理想、列強情勢の変化ならびにそれらと関連する一切のものへの問いから、また、国家と文化とのあいだの幾重もの相互作用への問いから――そらされるならば、それはきわめて考慮を要すること、いやそれどころか、まさしくわざわいであろう。いつもただ経済的利害だけが政治的行動の決定的動機とみなされ、またそのために、政治的事件のおこりうる動因の無尽蔵の多様性がもはや顧慮されないならば、その結果は歴史的思考の名状しがたい貧困である。「政治的概念の混乱や政治的に行動する者が動揺し、それどころか途方にくれていることが、現代におけるより大であったことは決してなかった。政治史が蓄積している歴史的経験は、このような状況においてなくてすませることができるであろうか」。かようにリッターは出来事としての歴史の重要性を信じて疑わない。

**アナール派への疑問**

最近、わたくしはピーター゠バーク著の『フランス歴史学革命』（大津眞作訳、岩波書店）を一読した。現在ケンブリッジ大学で教鞭をとるイギリスの気鋭の歴史学者である。アナール派に傾倒しながらも、一定の距離をおいて、一九二九年から八九年に至る六〇年間のアナール派の軌跡をえがいた。これによってアナール派の誕生、発展、勝利の過程を知ることができる。フランス歴史学に暗いわたくしは、教えられもし、同調するふしもあった。が、リッターとおなじような疑問も残った。アナール派の歴史は社会史においてもっとも生彩を発揮する。社会史は時代の要求からうまれたものである以上、一時のはやりではなくて永続するだろう。かといって、彼らが排斥しようとした「政治史」が、かんたんに冑《かぶと》をぬぐであろうか。なるほど、国家史とか政治家中心の古いタイプの政治史は反省しなければならない。しかし現在のように国際政局が激動しているとき、政治史を視野の外においてよいものだろうか。事件が突発して世間の耳目を聳動《しょうどう》させる。そういう火急の時に「長期持続の歴史」と澄ましていられるだろうか。アナール派は人間活動のあらゆる領域から史料を蒐集する。だがこれも厖大な情報量を処理できるだろうか。へたをすれば、雑多な知識のよせ集めになりかねない。専門的分化がすすめばすすむほど、他方において総合が重要となる。アナール派の創立者の初心もそこにあったはずである。リッターは「政治は一方では社会的・経済的・精神的要因によって広範囲に規定されるが、他方でそれらに強く逆作用もする。このたえざる相互作用を追い、そこから人間の政治的運命の成りゆきを理解することは限りなく魅力のある課題だ」といっている。自分の能力の限界を知り、政治史に主力をそそいだのであって、経済的・社会的なものを軽視したわけではなかった。

## ドイツ史学界への学問的遺書

最後に、第三資料である「科学的歴史の今昔」に一瞥を投じよう。発表一年後にリッターは他界したから、ドイツ史学界への学問的遺言といえなくもない。戦後の世界情勢の激変に対応するために、各国で世界史の見直しが行われたが、そうした世界史編集の流行にたいして、リッターは即座に賛成しない。過去の文化や遠隔地の事件をエンサイクロペディアふうに集めたり解釈しても、「世界史」にはならない。いったい歴史は、より高次の文化を征服したり維持するための、人間精神と自然および運命との戦いだ。それには権力によって確保された秩序が必要である。この戦いの何かがはっきりみとめられるようになる以前に、人類学や先史時代とかかわらねばならないが、まだほんらいの歴史とはかかわらない。つまり人類の歴史は五〇〇〇年以前には、統一ある大きな流れをつくっていない。いや、こんにちでもつくられていない。あまつさえ地理的・空間的問題がある。一九・二〇世紀の科学的歴史は、西南アジアやヨーロッパの域を出ていない。やっと南北アメリカが加わったものの、とり残された地域はまだまだ多い。したがって軽軽しく「世界史の成立」を論じることはできない。歴史はすぎ去った現実の模写ではなくて、歴史像を自由に形成するものだ。また、個個のデータを大きな世界史的連関へもたらさねばならないが、こうしたことは哲学的頭脳を必要とする。が、この哲学的頭脳がじっさいには存しないし、存しても成功した例がないのである。

**現代歴史学の現状と批判**　ところで、第一次大戦の末期にアメリカが参戦し、ロシアにボルシェヴィズム革命がおこり、ロシア・イギリス・フランス・オーストリア・ドイツの五国支配の組織が終わりをつげた。こうした大変動に際会したとき、ドイツの歴史家はドイツ史の意味を問いはじめた。マイネッケは『国家理性の理念』をあらわし、ブルクハルトがにわかに脚光を浴びるようになり、自分もマキアヴェリとモアとの深い対立をかんがえるようになった。第一次大戦後、歴史家のあいだで歴史研究の自信がいかに動揺したかの例証にほかならない。シュペングラーの『西洋の没落』が世の視聴を集め、トレルチの歴史主義論議が活発となった。一九三三年に第二の地震がドイツにおこった。いかなるドイツ人、いかなる歴史家も、新しい技術によるあらゆる文化創造物、いな一切の人間生活の破壊の危険を予想しなかった。ナチスがこれを行った。第二次大戦がのこした瓦礫《がれき》の山にドイツの偉大な世界政策的将来にたいする希望が埋れてしまったばかりではない。同時に、世界における権力的地位も失われた。すべての歴史的連続性がなくなった。そこでアルフレート＝ヴェーバー（一八六八～一九五八）のごときは、一九四六年に『従来の歴史からの訣別』を書いた。そうした予言を学者馬鹿の夢想とかんじた向きもあろうけれど、あらゆる政治が将来「グローバル」な舞台のうえで動くだろうという予言は正しかった。地球上の距離を縮めた現代の交通手段の迅速な発展とならんで、つぎの事実がもっとも重要である。すなわち、第二次世界大戦はヨーロッパ列強のみで戦われたのではなくて、西と東の両大国の共同によって決定されたこと、ヨーロッパの植民国家は海外の植民地所有をあらかた放棄しなければならなかったことだ。これを要するに、まったく新しい時代がはじまったのである。

このように一新した世界にあって科学的歴史の課題はいかに変わったか。ここでリッターはこの課題に答えようとした例として、フランスの年報派《アナール》、ユネスコの委託による『人類の科学的・文化的発展の歴史』、ドイツの『プロプレーン世界史』、アーノルド＝トインビー（一八八九〜一九七五）の『歴史の研究』をあげ、検討する（委細は省略）。リッターによれば、歴史への関心は純粋な教養の関心である。それは人間精神の認識衝動にふさわしいものであって、実際的な目標設定によって限定されるものではない。五〇〇〇年来の人間やその運命やその文化について、われわれの知識をひろげ深めようとするものだ。だが、政治史はそうした理論的科学であるばかりでなくて、すでにトゥキュディデス（前四六〇／五五〜四〇〇ごろ）が知っていたように、実際的課題をも果たさなければならない。政治家は、自分がそのなかで行動すべき国家世界について歴史的な方向づけを必要とする。だとすれば、ティエール（一七九七〜一八七七）、ギゾー（一七八七〜一八七四）、チャーチル（一八七四〜一九六五）のような重要な政治家がほとんどつねに歴史と密接な関係をもっていたのは偶然ではない。しかも政治的・歴史的方向づけがこんにちほど緊急なときはないのである。同時に、このような方向づけを学問的に偏見のないやりかたで獲得することがこんにちほど困難なときもない。リッターがこれまで指摘してきたとおりだ。

では、なんとか困難の実態をみきわめながらも対症療法を見いだすことはできないだろうか。その一例は比較世界史の立場に立つことだ。世界史的・歴史的比較は、科学的認識を深め豊かにするために有意義であるばかりか、歴史的認識の実際的・政治的利用にとっても有益である。政治家に必要なのは、現今の世界の政治的・社会的・経済的・精神的状態についての確実な方向づけだからである。ただ、歴史経過のある類似性から、つまり、社会的・経済的あるいは精神的生活の典型的な段階からひとつの規則をつくったり、われわれの時代がいわゆる世界史的発展の全体においてしめる立場を規定したり、そこから将来の予言や歴史の政治的教説をみちびきだそうとするなら、政治にとって役にたたないどころか、危険でさえあろう。

こんにちの世界的・歴史的・現代史的情報にたいする大きな要求や活発な情報活動をみるひとは、いまや時代が全面的に変化したことをひしひしと感じて動揺しないわけにゆかない。資料のとてつもない増大とか世界政治の変化の急速なテンポが、歴史家にはなはだしく困難を生じさせている。がさらに、そうした資料の批判的検討の困難が加わる。なかでももっとも不気味なもの、すなわち、あらゆる大政治の決定的な生活問題、戦争と平和という問題は、すでに政治家の手から技術者の手へ移った。原子爆弾やロケット砲の純然たる技術問題が、まさに一切の政治的熟慮の出発点をなしている。これが現状だ。このあたりからリッターは悲壮な口調をおびてくる。そうはいっても、以上のような考察を懐疑とあきらめとに終わらせるのは危険だ、とリッターはいう。たしかに、グローバルな世界全体の成立とあらゆる生活状態の突然の変化とによって、こうして生じた混沌状態を洞察し、内的連関を見ぬき、現実に近い明白な歴史像をくわだてる人間の理性能力は限界に達した。なおかつ、こうした課題に答えることができるだろうとの期待はあるのである。アメリカのジョージ＝ケナン（一九〇四〜〇二）、モーゲンソー（一九〇四〜八〇）、イギリスのE・H・カー、バターフィールド（一九〇〇〜七九）などの歴史家がそれをこころみている。ドイツの歴史学はどうか。ドイツの歴史学は、過去において国家権力を理想主義的に賛美したことで罪を犯した。あげくの果てに、ヒトラー時代には偶像崇拝にまでなった。こんにち、権力のデモニーは正体を暴露された。同時に、国家をたんに他の制度とならぶ社会制度とみなすアングロサクソン的思考も、権力というものを誤認する危険をともなう。両者の対立を克服することこそ肝要であろう。

「願わくはドイツ歴史学に、その最良の伝統が現代の大きな課題にたいしてみのり豊かとなり、偉大な過去に値する協力を果たすことができるように！」とリッターは「科学的歴史」をむすんだ。死はまさに一年後にせまっていた。本論文をドイツ歴史学界にのこした遺言だといったのはそういう意味からである。

# 政治教育者的な使命

**政治・歴史の教育者として**　三篇の論説をとおしてリッター史学の方法はほぼ輪郭が明らかになったとおもう。まちがいなくリッターはドイツ正統史学の継承者・発展者だ。だがそれだけでは、いいつくしていない。政治・歴史における教育者だったことに真骨頂があった。むろん、ここで教育者というのは、学校教師ふうの意味においてではない。高い次元における教育者なのである。また過去の歴史に教訓をえる、いわゆる教訓的歴史の二番煎じでもない。ドイツ国民にたいする、歴史学を介して教育者たろうと志したのである。このことを知るためには、『教育力としての歴史――歴史的・政治的自覚のために』をみるのが早道であろう。

リッターはいう。「一九四五年の大瓦解後のドイツ教育制度の再建は、歴史教育において、他のいかなる場合にもまして大きな困難がある。何故ならここでは何よりもまず第一に、教えることの根底にあるものの全体が、われわれの歴史像そのものが、一挙にして動揺してしまったからである。人びとはドイツ史の最も美わしい諸理想やその尊敬すべき諸伝統に関し、また国民が自己自身とその未来に寄せる信仰に関して、恥知らずな濫用を行ってきた。その後で一体、歴史的・政治的な諸信念の中の何が、ドイツ史の伝承された諸価値の何が、依然不動のものであり得るだろうか？　たとえようもなく混乱し、そして途方にくれて、今日ドイツ人は彼らの墓のほとりに立っている。その過去は一体、彼らに対して何をもっているだろうか？」戦後のドイツおよびドイツ人――敗戦によってすっかり自信を喪失したドイツとドイツ人に、リッターはこうした疑問を投げかける。そこからドイツ史とドイツ史学の徹底的な学び直しが行われた。一九四五年以後におけるかれの仕事はすべて、厳正な学問的研究であるとともに、政治的・歴史的教育の実践にほかならなかった。象牙の塔にとじこもって研究するだけで満足せず、ドイツ国民にドイツ史の過去・現在を知らせ、長所とともに短所をも手きびしく教えようとする使命をかんじ、この使命を果たそうとしたのである。そのばあい、学問的公正が根本的態度とされたことは、いうまでもない。わたくしはこうしたリッターの態度をみて敗戦後の日本の精神的状況をかえりみないではいられなかった。日本もドイツと同じような状態に陥った。だが、戦時中の皇道主義は一朝にしてほうむり去られ、みそもくそも一緒にして過去の日本を弾劾する風潮に染まったのではなかったか。過激な反動のあるところでは公正なものの見方はうまれない。

**過去への反省と未来の道の探索**

ところで「歴史的観照の助けをかりることなしに、歴史的経験に訴えることなしに、どうすれば一体、民族の政治的教育が行われ得るのか？　政治的な国民意識とは実に、一民族がその歴史的な運命共同体に関してもつ知識以外の何ものでもなく、そして一般国家学の基本的諸概念は、歴史的教養以外の他のいかなる道をとっても、生き生きとした観念に導かれることはない」。本書第三章「大瓦解後におけるドイツ史学の政治教育的課題」は、空疎な政治教育論をのべるのではなくて、具体例をあげて解明する。「われわれはあれほどしばしば、そしていつもあれほど徹底的に、奈落と破局におちいったのだから、われわれの昔からの政治生活の中には、おそらく何か間違った、あるいは少なくとも危険なものがあったにちがいない。すなわち、わが中世の諸皇帝の教会政策に関し、一七世紀の宗派的対立の法外な高まりに関し、革命戦争とナポレオン時代のわが諸侯たちのとどまることを知らない我欲に関し、第一次大戦前の尊大だが不器用で不安定な植民ならびに同盟政策に関し、そして最大に、誇大妄想の山師〈新しいジンギス汗〉ヒトラーに関して！　しかし、こうして僅かばかりかぞえあげただけでも明らかなのは、そして、もし、人がドイツ史の全体を、無拘束の征服衝動とドイツ的狂暴という分母の上におこうとするなら、それは現実の全くひどい歪曲だということである。われわれは、ごく最近の経験だけから見て、性急で一面的な自己批判を行うことを、警戒しようではないか！」。わたくしたちにとって耳に痛いことばだ。こういうことを断言できた歴史家を寡聞にして知らなかったのだから。

「要するに、私の言いたいことは、この教育的任務を、ただ仮借なくドイツ的本質についての自己批判を行い、われわれにとってあれほどまでに破滅的なものとなった国民的不遜と驕慢《きょうまん》に対抗することだけに限っておくことは、できないということである。ドイツ人の国民的自己意識は今日深刻に動揺させられている――人はそれを自己絶望にまで押しすすめてはならないであろう。なぜなら、自分自身に絶望するものは、もはやいかなる任務にも堪えることができないからである。何はさておきわれわれは今進んで、あれほど多くの苛烈な諸経験から最後的に学ぼうとしているのである。すなわち、冷静かつ批判的に、迷路がどこではじまり、それがどう経過したかを問い、しかる後に未来に向かう新しい道を探し求めようとしているのである」。過去の反省はむろん大切だ。

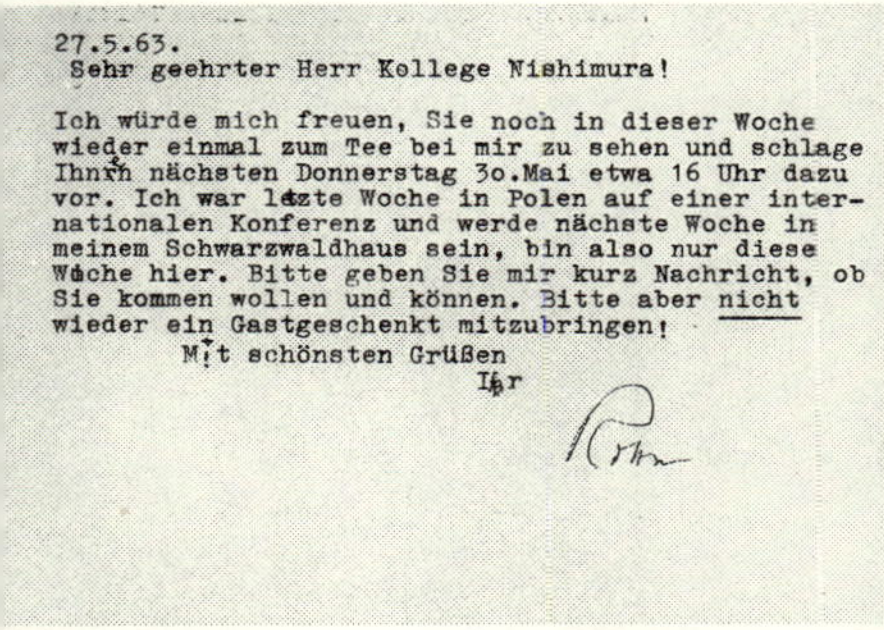
27.5.63.
Sehr geehrter Herr Kollege Nishimura!

Ich würde mich freuen, Sie noch in dieser Woche
wieder einmal zum Tee bei mir zu sehen und schlage
Ihnen nächsten Donnerstag 3o.Mai etwa 16 Uhr dazu
vor. Ich war letzte Woche in Polen auf einer inter-
nationalen Konferenz und werde nächste Woche in
meinem Schwarzwaldhaus sein, bin also nur diese
Woche hier. Bitte geben Sie mir kurz Nachricht, ob
Sie kommen wollen und können. Bitte aber nicht
wieder ein Gastgeschenkt mitzubringen!
Mit schönsten Grüßen
Ihr

リッターの書簡

しかしそれにもまして大切なのは、いたずらに過去の反省に低迷しないで、勇気をもって凛然《りんぜん》と未来への道を探ることだ、というのである。

「政治史学はこの場合、最も困難な、しかもまた最も重大にして最も美わしい任務を引き受けることになる。なぜなら、政治的覚醒にとって今日何が必要であるにせよ、健全な国家秩序の確固たる基礎なくしては、ドイツの生活のいかなる新建設も成功しないであろうからである。われわれの期待するドイツの国家生活の新しい形式が権威と自由の正しい関係を確保すべきものならば、また、共通に経験した困難の中でわれわれの間に成長した新しい民族共同体が集団主義と個人主義の間の正しい中庸を保持すべきものならば、この政治的再建に協力するために西欧の歴史の最もよき伝統が提示されなければならないであろう。それを呼びさまし、それを生き生きと保持すること、それが教育力として歴史の第一の使命である。」

## 結　び

リッターが『教育力としての歴史』を刊行したのは、ドイツが無条件降伏した年の翌年一九四六年である。それからリッターは約二〇年生きたけれど、この二〇年間に西ドイツは言語に絶する荒廃から立ちあがり、奇蹟の復興をなしとげた。西ドイツは内治・外交において試行錯誤をくり返しつつも、アデナウアーが一九四九年に連邦首相となってからめざましい発展をとげたのだった。そうした発展はリッターの意に添うたかどうか。独仏協調（一九五八）などは意に添うたであろうが、西ドイツ軍の創設とNATOへの加盟（一九五五）などは、政治と軍事との健全な関係を願うリッターにとって望ましいことであったかどうか。それらは多くの論文や書簡に当たって検討しなければならないけれど、もうその余裕がない。大局的にいってアデナウアー路線を容認したのではなかったろうか。最終的にリッターがアデナウアー時代の歴史家と目されるゆえんだが、その理非曲直は別個のテーマになる。

卓抜なリッター論を書いたクラウス＝シュヴァーベは、こう結んでいる。師をよく知る弟子のことばとして傾聴すべきではあるまいか。これを写して拙著の結びに代えることにしたい。「学問的な歴史家が遵守すべき〈せまい中道〉に、政治的な歴史家にとっては、時代との近さと時代からの独立とのあいだの正しい中道がふさわしかった。リッターはこの〈中道〉を、可能だったやりかたで歩んだ。〈この世の事物から距離を置く〉この距離と、道徳的・学問的な尺度の堅固さとを、リッターはキリスト教的・ルター的信仰に負うた。人間の〈理性〉や人間の〈良心〉の〈あらゆる不確実性のかなたで〉キリスト教的・ルター的信仰が、リッターに〈確実性の最後の領分〉を成立させた。この基礎に立脚して、かれは外部の変革の時代において、個人の完璧、学問的首尾一貫、内的連続性がどの程度までひとりの学者生活と業績においてまもられうるかをしめすことができたのである。」

# リッター年譜

| 西暦 | 年齢 | 年譜 | 参考事項 |
| --- | --- | --- | --- |
| 一八八八 | | 4・6、バートゾーデンに牧師の二男として生まれる。 | |
| 九〇 | 2 | | ビスマルク辞任、ヴィルヘルム2世の親政始まる。 |
| 一九〇六 | 18 | ギュータースローのギムナジウムをへて、ミュンヘン・ベルリン・ライプチヒ・ハイデルベルク大学に学ぶ（一九〇八年以来）。 | |
| 一一 | 23 | ハイデルベルク大学において、ヘルマン＝オンケンに師事し、その助手となる。 | 中国、辛亥革命おこる。 |
| 一三 | 25 | 『プロイセン保守派とビスマルクのドイツ政策　一八五八―一八七六』刊行。 | ウィルソン、アメリカ大統領に就任。 |
| 一四 | 26 | マグデブルクで教職につく。 | 第一次世界大戦勃発。 |
| 一五 | 27 | 5月、前年に勃発した第一次世界大戦に従軍。東部・西部戦線に出動し、負傷する。 | 日本、中国に21か条の要求。 |
| 一八 | 30 | | 第一次世界大戦終わる。11月、ドイツ革命おこる。12月、ヴァイマール共和政成立。 |

| | | | |
|---|---|---|---|
| 一九一九 | 31 | ハイデルベルク大学において引きつづきオンケンに師事。ゲルトルート＝ライヒァルトと結婚（三児をもうける）。 | エーベルト、共和国初代大統領となる。 |
| 二一 | 33 | ハイデルベルク大学私講師となる。『後期スコラ学研究』第一巻刊行。 | ワシントン軍縮会議開かれる（～二二）。 |
| 二二 | 34 | 『後期スコラ学研究』第二巻刊行。 | 九か国条約。 |
| 二四 | 36 | トマス＝モアの『ユートピア』のドイツ語訳刊行。ハンブルク大学教授となる。 | ドーズ案実施。 |
| 二五 | 37 | フライブルク大学教授となる。『ルター　人物と象徴』（のちに『ルター　人物と行為』に改題）刊行。 | ヒンデンブルク、大統領に就任。ロカルノ条約。 |
| 二七 | 39 | 『後期スコラ学研究』第三巻刊行。 | |
| 二九 | 41 | | 世界恐慌おこる。 |
| 三一 | 43 | 『シュタイン　政治的伝記』二巻刊行。 | |
| 三二 | 44 | | ナチス党、国会において第一党となる。 |
| 三三 | 45 | | ヒトラー内閣成立。 |
| 三四 | 46 | | ヒトラー、総統となる。 |
| 三六 | 48 | 『ハイデルベルク大学史』第一巻刊行。『フリードリヒ大王　歴史的プロフィール』刊行。 | 日独防共協定。 |
| 三八 | 50 | 「宗教改革史アルヒーフ」発行。ナチスにより外国旅行禁止とされる。 | ミュンヘン会談。 |

| | | | |
|---|---|---|---|
| 一九三九 | 51 | 「フライブルク協議会」設置。 | 第二次世界大戦勃発。 |
| 四〇 | 52 | 『権力国家とユートピア』（のちに『権力のデモニー』と改題）刊行。 | 日独伊三国軍事同盟。 |
| 四一 | 53 | 『宗教改革の世界的影響』刊行。<br>12・24、長男ベルトルト、東部戦線で戦死。<br>『宗教改革及び信仰闘争の時代におけるヨーロッパの教会的・国家的新形成』（のちに『一六世紀におけるドイツとヨーロッパの新形成』と改題）刊行。 | 大西洋憲章発表。<br>太平洋戦争おこる。 |
| 四四 | 56 | 『生ける過去』刊行。<br>11・2、ゲシュタポにより逮捕され、ラーフェンブリュック強制収容所に収監される。のちベルリン収容所に移される。 | 7・20、ヒトラー暗殺未遂事件おこる。<br>8月、パリ解放。 |
| 四五 | 57 | 4・25、解放される。<br>12月、フライブルク大学に復帰し、授業を再開する。 | 5月、ベルリン陥落。ヒトラー自殺。ドイツ降伏。 |
| 四六 | 58 | 『教育力としての歴史』刊行。 | |
| 四八 | 60 | 『ヨーロッパとドイツの問題』（のちに『ドイツ問題』と改題）刊行。 | ソ連、ベルリン封鎖。 |
| 四九 | 61 | 『権力の倫理的問題』刊行。 | ドイツ連邦共和国成立。アデナウアー、首相となる。<br>東ベルリンで民衆蜂起。 |

| | | | |
|---|---|---|---|
| 一九五四 | 66 | 『国政術と戦争技術』第一巻刊行。<br>『カール＝ゲルデラーとドイツ抵抗運動』刊行。 | |
| 五七 | 69 | 『シュリーフェン計画』刊行。 | |
| 五八 | 70 | 『生ける過去　七〇歳誕生日を記念して』を刊行。 | EEC発足。 |
| 六〇 | 72 | 『国政術と戦争技術』第二巻刊行。 | 日米新安保条約調印。 |
| 六一 | 73 | | ベルリンの壁構築。 |
| 六二 | 74 | | シュピーゲル事件おこる。 |
| 六三 | 75 | | アデナウアー、首相辞任。 |
| 六五 | 77 | 『国政術と戦争技術』第三巻刊行。 | |
| 六七 | 79 | 7・11、死去。 | |
| 六八 | | 『国政術と戦争技術』第四巻刊行。 | |
| 七二 | | 夫人ゲルトルート、死去。 | |

# 参考文献


**●邦訳**

『権力思想史』 西村貞二訳 —— みすず書房 一九五三
『教育力としての歴史』 島田雄次郎訳 —— 創文社 一九五七
『ドイツのミリタリズム』 西村貞二訳 —— 未来社 一九六三
『宗教改革の世界的影響』 西村貞二訳 —— 新教出版社 一九六七
『現代歴史叙述の問題性について』 岸田達也訳 —— 創文社 一九六八
（現在いずれも絶版となっている）

**●参考論文**

H. G. Zmarzlik, Lebendige Vergangenheit. Eine Würdigung G. Ritters. HZ. 207. 1968
W. Berthold, Geschichtsideologie des westdeutschen Imperialismus, untersucht an G. Ritter und F. Meinecke. 1960
A. Dorpalen, Gerhard Ritter. Deutsche Historiker I. 1971
K. Schwabe, Gerhard Ritter——Werk und Person. 1984

**●参考邦語文献**（一般書）

林健太郎 『ワイマル共和国』（中公新書） —— 中央公論社 一九六三
マウ、クラウスニック 内山敏訳 『ナチスの時代』（岩波新書） —— 岩波書店 一九六一

フランクル　霜山徳爾訳『夜と霧』――みすず書房　一九六一
森平太『服従と抵抗への道』（新教新書）――新教出版社　一九六四
フィッシャー　村瀬興雄監訳『強国への道』I――岩波書店　一九七二
村瀬興雄『アドルフ・ヒトラー』（中公新書）――中央公論社　一九七七
小林正文『ヒトラー暗殺計画』（中公新書）――中央公論社　一九八四
ベルクハーン　三宅正樹訳『軍国主義と政軍関係』――南窓社　一九九一
イアン・ケルショー　柴田敬二訳『ヒトラー神話』――刀水書房　一九九三

# さくいん

## 【人　名】

**【事　項】**



**【著作—リッター】**

リッター■人と思想126　　　　定価はカバーに表示

1995年8月25日　第1刷発行©
2015年9月10日　新装版第1刷発行©

・著　者 ……………………………… 西村《にしむら》　貞二《ていじ》
・発行者 ……………………………… 渡部　哲治
・印刷所 ………………………… 広研印刷株式会社
・発行所 ………………………… 株式会社　清水書院

〒102-0072　東京都千代田区飯田橋3-11-6
Tel・03(5213)7151～7
振替口座・00130-3-5283
http://www.shimizushoin.co.jp

検印省略
落丁本・乱丁本は
おとりかえします。



CenturyBooks

Printed in Japan
ISBN978-4-389-42126-7

CenturyBooks

## 清水書院の〝センチュリーブックス〟発刊のことば

近年の科学技術の発達は、まことに目覚ましいものがあります。月世界への旅行も、近い将来のこととして、夢ではなくなりました。しかし、一方、人間性は疎外され、文化も、商品化されようとしていることも、否定できません。

いま、人間性の回復をはかり、先人の遺した偉大な文化を継承して、高貴な精神の城を守り、明日への創造に資することは、今世紀に生きる私たちの、重大な責務であると信じます。

私たちがここに、「センチュリーブックス」を刊行いたしますのは、人間形成期にある学生・生徒の諸君、職場にある若い世代に精神の糧を提供し、この責任の一端を果たしたいためであります。

ここに読者諸氏の豊かな人間性を讃えつつご愛読を願います。

一九六七年

清水 悌 [signature]

SHIMIZU SHOIN